Franz Freisleder (Hrsg.)

# Bock auf Bier

Franz Freisleder (Hrsg.)

# Bock auf Bier

Der bayerische Bier-Kosmos,
literarisch betrachtet

BAYERLAND

Unser gesamtes lieferbares Programm und Informationen
über Neuerscheinungen finden Sie unter www.bayerland.de

Verlag und Gesamtherstellung:
Druckerei und Verlagsanstalt »Bayerland« GmbH
85221 Dachau, Konrad-Adenauer-Straße 19

Titelbild: Kellnerinnen beim Ausschank, Foto von 1897, © Stadtarchiv München

Printed in Germany · ISBN 978-3-89251-478-7

# Inhalt

# WIE DAS BIER NACH BAYERN KAM

## Franz Freisleder: Eine kleine Bierologie

Grüß Gott beinand in Stadt und Land!
As Bier is hier des Thema.
Des is in Bayern flüssigs Brot.
Mir lassn 's uns ned nehma.
Zwar: Mancher Puritaner warnt
und hat's dabei kreizwichtig.
Doch: Wer sei Mass in Maßen trinkt,
werd aa davo ned süchtig.

Ja, dieses Eingangsverserl habe ich im Dialekt verfasst, weil Bier und Bayern zwei unzertrennliche Begriffe sind. In unserem Buch geht es denn auch vor allem um den edlen Gerstensaft im Zusammenhang mit dem hiesigen Lebensgefühl, so wie es unsere Heimatschriftsteller in den verschiedensten Variationen beschrieben haben und immer wieder einmal beschreiben. Und nicht zuletzt wollen wir damit auf heitere Weise die Tatsache feiern, dass sich 2016 zum 500. Mal der Erlass des damals erstmals für Gesamtbayern gültigen Reinheitsgebots jährt. Wobei man allerdings nicht vergessen sollte ... Aber davon später Genaueres.

Beginnen wir erst einmal mit einem noch tieferen historischen Rückblick in den Bierkrug: Der Ruhm, das Getränk erfunden zu haben, gebührt ja nicht den Bayern, sondern – den Sumerern. Die haben so etwas getrunken, da hat's uns noch gar nicht gegeben. Das Volk, das in Mesopotamien gelebt hat, stand bereits im vierten Jahrtausend vor Christus in höchster kultureller Blüte. Aus einem illustrierten Dokument, das im Pariser Louvre aufbewahrt wird, geht hervor, dass man damals der für den Ackerbau und die Fruchtbarkeit zuständigen Göttin Nina-Harra als Bitt- und Dankopfer Bier dargebracht hat. Man hat es aus Weizen, mit einem Zusatz von Honig, Zimt und ein paar Gewürzpflanzen eingesotten. Für den eigenen Hausgebrauch wurde seinerzeit statt Weizen Gerste verwendet. Übrigens hat es damals für die Bevölkerung auch bereits Bierdeputate gegeben. Das waren – je nach Standeszugehörigkeit – am Tag zwei bis fünf Liter.

Zu uns nach Deutschland ist das Bier durch die Römer gekommen. Der älteste handfeste Beleg dafür stammt aus dem Jahr 353 nach

Christus. Gefunden hat man ihn aber erst 1911 bei Ausgrabungen im römischen Kastell von Alzey: eingetrocknete Schwarzbiermaische, porös und schaumig, mit Hefeeinschlüssen und karamelisiertem Gerstenmalz, also Gärmaterial. Aufbewahrt war das Ganze in einem tönernen, doppelhenkligen Gefäß – einem sogenannten Dolium – dem ein Holzpfropfen als Verschluss diente. Wenn Sie einmal nach Alzey kommen, dann können Sie dieses tönerne Bierfassl selber besichtigen.

Mit der Datierung der ersten deutschen Brauerei hat man es nicht so leicht. Lange Zeit herrschte ja die Ansicht, die bayerische Staatsbrauerei in Weihenstephan als Nachfolgerin der dortigen Benediktiner-Klosterbrauerei sei die älteste noch heute existierende Braustätte der Welt überhaupt. Aber in die Suppe hat uns vor ein paar Jahren der detektivisch arbeitende Freisinger Oberarchivrat Dr. Bodo Uhl gespuckt. Er hat nämlich eine entsprechende Urkunde aus dem Jahr 1146 als Fälschung entlarvt. Als Fälschung aus dem 17. Jahrhundert allerdings – nicht dass da irgendein Verdacht am heutigen bayerischen Finanzministerium hängenbleibt … Der erste *echte* urkundliche Beleg stammt nach Uhl erst aus dem Jahr 1675.

Aber – lieber Herr Dr. Uhl – belegt ist doch hoffentlich nach wie vor, dass schon im Jahr 768 nach Christus in der Nähe vom Freisinger Kloster ein Hopfengarten existiert hat. Na – und was wird man denn damals mit dem Hopfen anderes gemacht haben als Bier brauen? Und damit wäre Weihenstephan ja dann vielleicht doch wieder … Also beim nächsten Besuch droben im Bräustüberl stoßen wir darauf jedenfalls mit einer frischen Mass an! Getreu dem Sigi-Sommer-Motto: Das bayerische Bier ist vielleicht nicht das vorzüglichste in Deutschland, aber in jedem Fall das beste Bier der Welt!

So, aber jetzt wenden wir uns – wie schon angekündigt – etwas ausführlicher dem zu, was man uns Bayern in keinem Fall streitig machen kann: der Tatsache nämlich, dass es qualitätsbewussten und weitsichtigen bayerischen Herrschern zu verdanken ist, wenn das deutsche Bier wegen seines Geschmacks, seiner Reinheit und damit auch Bekömmlichkeit Weltruf genießt! Stichwort: Reinheitsgebot.

Das bayerische Reinheitsgebot von 1516
Wir wöllen auch sonderlichen/das füran allenthalbn in
unsern Stetten/Märckthen/unn auff dem Lannde/zu
kainem Pier/merer stückh/dann allain Gersten/hopffen/
unn wasser genommen unn gepraucht sölle werdn.

In seiner ursprünglichen Form stammt es freilich nicht – obwohl man ausgerechnet 2016 sein fünfhundertjähriges Bestehen feiert – von Herzog Wilhelm IV., der von 1508 bis 1550 regiert und dieses Gesetz ja auch tatsächlich im Jahr 1516 erstmals für das *ganze* damalige Bayern erlassen hat. In Franken will man die altbayerische Freude übers Jubiläumsjahr nämlich mit der Nachricht trüben, der Bamberger Fürstbischof Heinrich III. Groß von Trockau habe bereits 1489 vorgeschrieben, die Brauer in seinem Erzbistum hätten darauf zu achten, dass »beim Einsieden nichts mere denn Hopfen, Malz und Wasser zu nehmen sey«.

Doch auch die Franken können sich nicht rühmen, mit ihrer Bamberger Vorschrift das erste Reinheitsgebot erlassen zu haben. Sollte künftig nicht irgendwo ein noch älteres entsprechendes Dokument auftauchen, dann gebührt die Siegespalme den Oberbayern, präziser gesagt, dem Münchner Magistrat. In einem Dekret von 1447, die Bräuer betreffend, heißt es nämlich: »… Item sollen (die Bräuer) auch pier und greussing nur allein von gersten / hopffen und wasser und sunst nichts darunter tun noch sieden / oder man straf es für falsch.«

Ebenfalls etwas früher als Wilhelm IV. war mit seinem Reinheitsgebot, beschränkt auf sein Herzogtum Bayern-Landshut, auch Georg der Reiche dran. Jener Georg also, dessen Landshuter Hochzeit mit der schönen polnischen Königstochter Hedwig noch heute immer wieder ihr festliches Dacapo erlebt. Er ordnete für sein Herzogtum am 16. Januar 1493 an: »Item die Bierbrauer und andere sollen auch nichts zum Bier gebrauchen denn allein Malz, Hopfen und Wasser; noch dieselben Bräuer, auch die Bierschenken und andere nichts anderes in das Bier thun, bey Vermeidung von Strafe an Leib und Gut.«

Übrigens: Ein erster bayerischer Bier-Export-Beleg – wenn's damals auch nur um eine ganz kurze Strecke ging – stammt bereits aus dem Jahr 815. Dafür, dass ihm die Kirche zum heiligen Johannes dem Täufer in Oberföhring verliehen wurde, musste ein Diakon namens Huvezzi an das Freisinger Domkapitel »una carrada de cervisa«, eine Fuhre Bier, liefern. Bleibt zu hoffen, es war nicht irgendein Plempel, obwohl's noch gar kein Reinheitsgebot gab.

Strafe an Leib und Gut – das möchte man auch den Politikern droben in Brüssel wünschen, die im Zeichen missverstandener Liberalität einer miesen Qualität die Grenzschranken öffnen. Da hilft nur noch eins: Gnadenlos unser Schiedsrichteramt als kundige bayerische Biertrinker überall dort auszuüben, wo man uns einen Plempel vorzusetzen wagt, der nicht nach dem klassischen Reinheitsgebot hergestellt ist!

Nachdem ich jetzt meine bayerische Selbstlobeshymne in Sachen Reinheitsgebot abgezogen habe, fällt es mir leichter, etwas *anderes* zuzugeben: nämlich, dass unsere beliebten Bockbiere gar keine bayerische Erfindung sind, sondern eine niedersächsische. Seit dem Jahr 1378 hat die Hofhaltung der Herzöge von Celle das Bier aus Einbeck bezogen. Einbecker Biertrecks sind im 15. Jahrhundert regelmäßig nach Bremen und Amsterdam, nach Hamburg und Reval unterwegs gewesen. Seit 1555 auch nach München. Und diesem besonders gut gehopften Gerstensaft verdankt praktisch das bayerische Hofbräuhaus seine Existenz. Denn Herzog Wilhelm V., er regierte von 1579 bis 1597, hat sich seinerzeit überlegt, dass es doch wohl auf weite Sicht billiger käme, selber Bier nach Einbecker Art herstellen zu lassen, statt für teures Geld zu importieren. Auf der Burg Trausnitz in Landshut, wo seit 1573 das erste bayerische Hofbräuhaus seinen Sitz hatte, wurde dann 1590 erstmals das Spezialbier nach Einbecker Art gebraut. Im Hofbräuhaus zu München, das um diese Zeit gerade im Bau war, hat man dann vollends Nägel mit Köpfen gemacht und 1614 einen Braumeister aus Einbeck engagiert, wodurch die Qualität weiter verbessert werden konnte. Bis 1882 war auf den Hofbräuhaus-Rechnungen noch immer der Begriff »Ainpöckisch Bier« zu lesen. Dann hat es eine zeitlang Einbockbier geheißen – und schließlich ist das Bockbier daraus geworden.

Der Volksmund scheint da allerdings – wie so manches Mal auch in anderen Fällen – der offiziellen Handelssprache vorausgeeilt zu sein. Jedenfalls spricht der Vater des bayerischen Dialektgedichts, Franz von Kobell, in seiner einschlägigen Gstanzlserie bereits um 1850 schlicht vom »Bock«: »Der Bock is a Dichter / Wia ma gor koan so hamm, / Schau! Veigerln und Radi / All's reimt er eahm zamm.«

Weil wir gerade bei den Dichtern sind, soll doch auch noch der Wiener Heinrich Laube zu Wort kommen, der vor eineinhalb Jahrhunderten in seinem Buch »Reise durch das Biedermeier« geschrieben hat: »Der Moslem erwartet im Himmel die schönsten Huris und die schnellsten, gelenkigsten Pferde. Der Bayer erwartet Bier und nochmals Bier.«

Richtig – doch eh er in den Himmel kommt, da möchte der Bayer zunächst einmal ausgiebig leben. Gesund leben vor allem. Und da wiederum kann Bier, mäßig, aber regelmäßig genossen, sogar eine medizinische Wirkung haben. Auf Einzelheiten möcht' ich als Laie allerdings nicht eingehen, wo doch vor ein paar Jahren sogar ein renommierter Fachmann, der Weihenstephaner TU-Professor Piendl, so eingegangen ist, nachdem er in der *Süddeutschen Zeitung* einen Extrakt seiner Bierforschungen im Zusammenhang mit der Gesundheit veröffentlicht hatte. Ein ganzes Rudel von Medizinern, Psychotherapeuten und Sozialarbeitern ist da über ihn hergefallen und hat ihm vorgeworfen, er würde das Bier verharmlosen und zu wenig auf die Suchtgefahren hinweisen.

Apropos Bier und Gesundheit: Der Professor Piendl hat da einen namhaften Vorgänger. Bereits 1664 schreibt der Agrarexperte Wolfger von Hohberg dem Bier positive Wirkung zu. Es gebe »eine gesunde, lebhafte Farb', reinigt die Nieren und Harngänge«, stellt er fest. Und: »In der rechten Mäßigung und Moderation gebraucht, mehrt es den männlichen Samen und bekräftigt die schwache Natur.«

Nun wäre der Moment gekommen, in dem man auch noch näher auf die einzelnen Biersorten eingehen könnte. Aber meine Einleitung soll Sie, liebe Leserinnen und Leser, ja nur auf die *literarischen* Biergenüsse vorbereiten, die Sie in diesem Buch erwarten. Und dazu wünscht Ihnen viel Vergnügen beim Konsumieren

Franz Freisleder

LUDWIG THOMA: Bajuvarische (Trink-)Sitten
(Auszug aus der Erzählung »Agricola«)

Die Bajuvaren haben viel Getreide und Vieh; doch herrscht über den Wert dieser Dinge jetzt großer Streit. Das Geld haben sie schätzen gelernt. Sie lieben nicht nur die alten, längst bekannten Sorten, sondern auch sämtliche neue. Das Hausgerät ist einfach. Besonders an den Gefäßen schätzen sie den Umfang höher als kunstfertige Arbeit.

*Waffen. Kriegswesen.* Waffen hat dieses Volk vielerlei; doch wird auch hierin mehr auf Tauglichkeit als auf Schönheit gesehen. Sehr verbreitet ist die kurze Stoßwaffe, welche jeder Mannbare in einer Falte der Kleidung trägt; ihr Gebrauch ist aber nicht freigegeben, vielmehr sucht die herrschende Obrigkeit in den Besitz derselben zu gelangen. In diesem Falle ersetzt sie der Volksgenosse stets durch eine neue.

Als Wurfgeschoss dient ein irdener Krug mit Henkel, der ihn auch zum Hiebe tauglich erscheinen lässt. An ihren Zusammenkunftsorten sucht bei ausbrechendem Kampfe jeder möglichst viele dieser Gefäße zu ergreifen und schleudert sie dann ungemein weit. Die meisten Bajuvaren führen eine Art Speere oder in ihrer Sprache Heimtreiber aus dem heimischen Haselnussholze, ohne Spitze, biegsam und für den Gebrauch sehr handlich. Wo diese Waffen fehlen, sucht jeder solche, die ihm der Zufall bietet. Ja, es werden zu diesem Zwecke sogar die Hausgeräte wie Tische und Bänke ihrer Stützen beraubt. Beliebt sind auch die Bestandteile der Gartenumfriedung. Vor dem Beginne des Kampfes wird der Schlachtgesang erhoben. Es ist nicht, als ob Menschenkehlen, sondern der Kriegsgeist also sänge. Sie suchen hauptsächlich wilde Töne zu erzielen und schließen die Augen, als ob sie dadurch den Schall verstärken könnten. Sie kämpfen ohne überlegten Schlachtplan, jeder an dem Platze, welchen er einnimmt. Der Schilde bedienen sie sich nicht. Als natürlicher Schutz gilt das Haupt, welches dem Angriffe des Feindes widersteht und den übrigen Körper schirmt. Manche bedienen sich desselben sogar zum Angriffe, wenn die übrigen Waffen versagen.

Der vornehmste Sporn zur Tapferkeit ist häufig die Anwesenheit der Familien und Sippschaften. Diese weilen in nächster Nähe ihrer Teuern und feuern sie mit ermunterndem Zurufe an. Die Schlacht beendet meist der Besitzer des Kampfplatzes, der hierzu eine auserlesene Schar befehligt.

*Lebensweise im Frieden.* Wenn sie nicht in den Krieg ziehen, kommen sie zu geselligen Trinkgelagen zusammen. Auch hier pflegen sie des Gesanges, der sich aber von dem Schlachtgeschrei wenig unterscheidet. Tag und Nacht durchzuzechen, gilt keinem als Schande. Versöhnung von Feinden, Abschluss von Eheverbindungen, der beliebte Tauschhandel mit Vieh und sogar die Wahl der Häuptlinge wird meist beim Becher beraten. (…) Das Getränk der Bajuvaren ist ein brauner Saft aus Gerste und Hopfen. Häufig beklagen sie den schlechten Geschmack, niemals enthalten sie sich des Genusses. Ihre Kost ist einfach. Aus Mehl zubereitete Speisen nehmen sie in runder Form zu sich; die geringe Nährkraft ersetzen sie durch die große Menge. An einigen Tagen des Jahres essen sie geräuchertes Fleisch von Schweinen und beweisen hierbei geringe Mäßigkeit.

## JOSEF FENDL: Von versoffenen Bierurscheln und verlorenen Täuflingen

Wie recht der bayerische Staatsrechtler Wiguläus Kreittmayr hatte, als er das Bier das fünfte Element in Bayern nannte, zeigt eine Reihe ergötzlicher Anekdoten über den edlen Gerstensaft.

Als der iroschottische Missionar Kolumban im 7. Jahrhundert zum ersten Mal auf heidnische Alemannen traf, fand er sie – so wird berichtet – um ein riesiges Fass versammelt, das sie zu Ehren Wotans leerten. Dementsprechend lässt auch der Dichter des altsächsischen »Heliand« (um 830) Jesus bei der Hochzeit von Kana Wasser in Bier verwandeln.

In diesem Zusammenhang fällt auf, dass die Germanen weder für »Bier« noch für »brauen«, »Malz« oder »Würze« Fremdwörter verwendeten, wie sie das sonst für eine Reihe von (eingeführten) Lebensmitteln und Verarbeitungsmethoden taten.

In den sogenannten Kapitularien Karls des Großen (768–814) wird der Bierbrauer in der Liste der Handwerker aufgeführt, das heißt, die Bierherstellung war zumindest zum Teil aus dem Aufgabengebiet der Hausfrau herausgelöst.

Wahrscheinlich wurde schon in den ersten bayerischen Benediktinerklöstern Bier gebraut. Auf einem erhalten gebliebenen Grundriss des Klosters St. Gallen (aus der ersten Hälfte des 9. Jahrhunderts) sind drei Brauhäuser eingezeichnet. Im ersten wurde das Bier für die Mönche gebraut, im zweiten das für die Pilger und im dritten das für vornehme Gäste.

Offizielle Schankrechtsverleihungen stammen allerdings meist erst aus späterer Zeit, so zum Beispiel an die Klöster Weihenstephan (1040), Weltenburg (1050), Metten und Niederalteich. Als erste Regensburger Klosterbrauerei wird 1277 die des Frauenklosters Heiligkreuz genannt. Kaiser Friedrich II. gestand aber 1230 jedem Regensburger Bürger das Recht zu, Bier für den Verbrauch in der eigenen Familie zu brauen.

Bereits um 580 hatte Venantius Fortunatus gegen die Franken am Rhein gewettert, dass sie sich »wie Rasende« um die Wette zutränken. Karl der Große sah sich genötigt, einen Armeebefehl zu erlassen, in dem er seinen Kriegern verbot, sich zuzutrinken. Und am Ende des Mittelalters notierte der Ritter Hans von Schweinichen in seinen Erinnerungen an mehreren Stellen: »Heut wieder einen guten Rausch gehabt!« 1495 berichtete ein Chronist vom Reichstag zu Worms: »Es haben sich auch die Edelleut' mit Saufen auf diesem Reichstag ziemlich säuisch gehalten …«

Im Januar 1627 verbot der Bischof von Eichstätt, dass in seinem Hochstift Weißbier ausgeschenkt werde. Er nannte es ein furchtbares Gesöff, das den Bauern den Bauch auftreibe und die Eingeweide schädige. Seines Druckes, behauptete er, könne man sich nur dadurch entledigen, dass man die angesammelte Luft mühsam aus allen Leibesöffnungen ausstoße. Zeitgenossen glaubten aber, noch mehr als das Weißbier habe den Bischof der Rückgang der Umsätze seiner Braunbierbrauerei bedrückt.

Im 17. Jahrhundert scheint in manchen Teilen Bayerns die Trunksucht überhand genommen zu haben. Die Augsburger Bürger zum Beispiel schafften sich Wägelchen an, mit denen die übermäßigen Zecher nach Hause gefahren werden konnten.

Frauen, die einen über den Durst getrunken hatten, wurden an den Pranger gestellt und mussten ein Stirnband mit der Aufschrift »Versoffene Bierurschel« tragen. 1661 wurde durch obrigkeitliche Anordnung verboten, dass Taufgesellschaften in jedem Wirtshaus anhielten, »dermaßen dieß die Ursach ist, dass so oft die Täuflinge verlorengehen«. (…)

# WELCHE ROLLE DAS BIER IN BAYERN SPIELT(E)

# Ludwig Steub: Unser Bier

Also schon wieder beim Nationalgetränk! Ja, aber fast nur, um seinen Verfall zu beweinen, welcher unaufhaltsam vorzuschreiten scheint. Wo sind sie hingegangen, die schönen Zeiten, da man, wie einst Wolfgang Menzel schrieb, in jedem bayrischen Wirtsstüblein zwei unvermeidliche Dinge fand, nämlich gutes Bier und schlechte Zeitungen? Unsere Tagesblätter, diese tiefsinnigen Ausleger der laufenden Weltgeschichte, haben seitdem zwar an Genießbarkeit gewonnen, jedoch nicht in dem Maße, dass der Geist, der in ihren Spalten weht, den mangelnden Gehalt auf der anderen Seite ganz ersetzen könnte.

In der Tat will das Nass, das zwischen Holzkirchen und Berchtesgaden aus adeligen und bürgerlichen Pfannen fließt, selbst von patriotischen Kehlen nicht viel gelobt werden. Die Sachsen und die Preußen aber, die in unserm Gebirge wandern, sie lachen gerade über unsere Schöpfungen und laden uns nach dem Waldschlösschen und nach anderen norddeutschen Quellen ein, wenn wir gutes »bayrisches Bier« trinken wollen. (Welch schmerzlicher Hohn!) Unsere besten Braumeister, heißt es, sind in die Fremde gegangen, wohl über die Elbe und über den Rhein, und nicht bloß nach Stockholm und Christiania, sondern nach Cincinnati und nach St. Louis, wo sie die Schlünde der Republikaner mit derselben Flüssigkeit erquicken, die einst die Unterzeichner der Wasserburger Adresse gelabt. Vielleicht, dass diese Eingeweihten einmal wieder verschrieben und mit blauweißer Schuljugend unter Glockenklang und Vortritt des hochwürdigen Landklerus, der fast am meisten leidet, eingeholt werden. In unseren Gauen scheint sonst kein Heilmittel mehr zu verfangen, wenn auch diesen Sommer ausnahmsweise Berlochners Garten zu Rosenheim und Bücheles Keller zu Traunstein einen würdigen Abendtrunk gewährten. Die trefflichsten Verordnungen, in gediegenes Schweinsleder gebunden, drohen bändeweise von dem landgerichtlichen Bücherbrett herunter, aber die auserlesensten Assessoren und Polizeiverwalter, die bekanntlich in allem übrigen den reichen Brauer wie den armen Söldner zu behandeln wissen, sie zucken die Achseln und sprechen leise: »Quid leges sinc moribus / Vanae proficiunt?« Und was helfen Gesetze noch, / wenn die Sitte so krank? (Horaz, Oden III, 24)

Die Getränke im Chiemgau, zu Reichenhall und am Königssee rühmen sich nämlich, wenn nicht ihrer harmlosen Leere, doch ihrer Taciteischen Bitterkeit. Mit diesem Safte, meinen viele, wäre die Geschichte der Ministerien Wallerstein und Abel, der politischen Untersuchungen, des bayrischen Ultramontanismus, der Zug nach Hessen und anderes Ähnliches zu beschreiben. Was bleibt uns aber, nachdem der edle Born versiegt, der einst unseren Ruhm in alle Welt getragen?

Da wir ohne Auszeichnung doch nicht leben können, so spricht die innere Wahrscheinlichkeit dafür, dass wir uns nunmehr, wenn nicht mit Melchior Meyr auf die »Poesie des Geistes«, doch auf das vaterländische Drama werfen und auf der Höhe des boischen Parnasses jene Bedeutung wieder erringen werden, die uns in der Tiefe der Märzenkeller verwirkt ist. So könnte sich's treffen, dass am Ende der Dramendichter in der allgemeinen Achtung noch über den Braumeister zu stehen käme, was kulturhistorisch sehr merkwürdig wäre und eine neue Ära bezeichnen dürfte. Dann würden wohl auch unsere Buchhändler, die regsamen Männer, bei hohem Adel und sonstigem Publikum nicht bloß mit Gebet- und Kochbüchern, sondern auch mit vaterländischen Artikeln ein bescheidenes Glück zu finden vermögen.

Die früheren bayrischen Kellnerinnen, die schlanken, leichten, neckischen Elfen, haben sich nahezu verloren. Wer denkt bei deren Erwähnung nicht an die Gedichte unseres heiteren, doch tiefsinnigen Melchior Meyr, der als Junggeselle unter anderem schalkhaft singt:

> »Soll ein Trank uns wahrhaft letzen
> Und erfreuen Herz und Sinn,
> Muss ihn auf die Tafel setzen
> Eine hübsche Kellnerin …«

wobei wir jedoch zur Steuer der Wahrheit anmerken müssen, dass seine ernsten Lieder ebenso viel zu denken geben, als seine lustigen zu lachen.

Die schönen Kellnerinnen kann man, wie vielfache Erfahrungen gezeigt, länger als drei Vierteljahre nicht im Hause behalten, und der ewige Wechsel ist zu lästig. Man wählt jetzt lieber garstige, die über Hoffnung und Furcht hinaus sind und ihren Dienst oft sehr pflichtgetreu verrichten, nur dass die Grazie fehlt. Immerhin ist man noch stets viel wohliger daran, als mit dem vornehmen, windigen Kellnertross in den großen deutschen Hotels.

Außer Himmel und Erde, Wald und See wird der Reisende aber kaum etwas anderes öfter sehen als das Bierkrüglein – zumal wenn er im Wirtshaus lebt. Der fröhliche Klang der schnappenden Deckel begrüßt seinen Aufgang und ein milder Schlaftrunk labt ihn freundlich, ehe er sich zur Ruhe legt. Viel weniger ist auch auf dem Lande von der Münchner Kunst, von der neuen bayrischen Wissenschaft die Rede, als von dem biederen Nationalgetränk. Wie das Gerücht von der Witterung oft landsfremde Leute zusammenführt und der Anfang treuer Freundschaft wird, die mitunter für das ganze Leben dauert, so leitet oft die Frage: »Ist's frisch angestochen?« oder: »Lauft's schon lang?« die angenehmsten Verbindungen ein.

Eigentümlich aber, dass wir noch keine Geschichte des bayrischen Bieres besitzen, während wir doch einer Geschichte der bayrischen Patrimonialgerichte und anderer Institute, die sich viel vergänglicher gezeigt, rühmen können. Da Vater Aventin wohl des Weins, ja des istrischen und veltlinischen erwähnt, aber des Bieres kein Gedächtnis tut, so ist es fast, als hätten die Bayern zu seiner Zeit dies Getränke noch gar nicht gekannt; doch zerstreuen solchen Zweifel wieder mancherlei Urkunden, die, vom neunten Jahrhundert anfangend, des freundlichen Saftes erwähnen, wie denn zum Beispiel im Jahre 816 eine *carrada de cerevisia* vorkömmt, als Abgabe von der Kirche zu Böring. Im Jahre 1293 geschah es ferner, dass die Herzoge Ludwig und Otto geboten, es solle ein ganzes Jahr hindurch in ihrem Lande zu Bayern kein Bier mehr gebraut werden – eine höchst auffallende, noch lange nicht genügend erklärte Verordnung, die jetzt, wenn sie je erneuert werden sollte, die bösartigsten Erschütterungen, wenn nicht den völligen Untergang des Staates herbeiführen könnte. Eine schöne Zeit für Biertrinker war dagegen das Jahr 1542, wo der Landtag das Sommerbier auf zwei Pfennige und das Winterbier auf drei Heller die Mass festsetzte! Welche tiefsinnige Volkstümlichkeit, welch' unwiderstehliche Gewalt würde unser jetziger Landtag gewinnen, wenn er ein solches Ziel ebenfalls erreichen könnte!

Ein sprechendes Zeichen unserer edlen Einfalt war und ist es, dass wir zu allen Zeiten nur *ein* Bier brauten – eines, aber einen Löwen. Nicht ohne großes Selbstbewusstsein blickt der Bayer auf die bunte Musterkarte norddeutscher Gebräue mit ihren lächerlichen Titeln, auf den Brausegut am Harz, den Beißdenkerl zu Boitzenburg, den

Hund zu Bremen, den Stürzdenkerl zu Dornburg, die Caccabulla zu Duisburg, den Krabbelanderwand zu Eisleben, den Maulesel zu Jena, den Mordundtod zu Köpenick, das Lumpenbier zu Wernigerode, und so viele andere, die sich alle nach seiner Meinung nur insoferne unterscheiden, als sie sämtlich mehr oder weniger ungenießbar sind.

Nur einen Gesellen und siegreichen Wettkämpfer brachten die rollenden Jahrhunderte, nämlich den Bock – doch ist es dasselbe Getränk, nur feiner und edler –, das Bier in seiner Verklärung. Ihn zu keltern war früher ein eifersüchtig gehütetes Vorrecht der kurfürstlichen, dann königlichen Hofbrauerei, aber seit mehreren Jahren ist die Befugnis allen Sudherren freigegeben. Diese Freiheit veranlasste bereits eine anmutige Erscheinung, welche den alten Ruhm unserer Brauerei bis in die weitesten Fernen zu tragen wohl geeignet ist. Herr Georg Pschorr, der jüngere, erfand nämlich im vorletzten Winter eine neue Spielart des beliebten Edelbieres, einen Bock für beide Hemisphären. Er wird zwar auf unserer rauen Hochebene, jedoch mit steter Rücksicht auf die Anforderungen der tropischen Zonen, eingesotten. Diese Flüssigkeit schmeckt ernst, mild und geistreich, nicht ohne einen leisen Zug von Bitterkeit, wie es eben auch unsere Art ist. Um vor Verfälschung sicher zu sein, wird sie, wie deutscher Volksgeist, in Flaschen gefasst, die, mit dem Silberhelm des Champagners bewehrt, mit schmucker dreisprachiger Etikette geziert und allerwege weitläufig hergerichtet sind. Bereits ist sie mit Ehren auf hohen Tafeln kredenzt worden. Viele tausend Flaschen gingen schon über das Weltmeer nach Rio de Janeiro. Andere Straßen werden sich wohl auch noch finden. Und sollte dem Kulturhistoriker nicht ein erfreuliches Bild entstehen, wenn er sich ausmalt, wie unter anderen Steinen, im äußersten Thule, an der Grenze der Kaffern und zu Adelaide, am Mississippi und zu San Franzisko beim Genuss dieses geistigen Erzeugnisses der Deutsche unter exotischem Laubdach der süßen Heimat, der kühlen Felsenkeller und der warmen Herzen, der deutschen Lieder und vor allem der deutschen Freiheit gedenkt!

Vieles, ja viel Ungerechtes und Verletzendes ist den Altbayern nachgerufen und nachgeschrieben worden wegen dieses ihres Lieblingsgetränks. Besonders die Schnapsländer haben sich stets am meisten mokiert über diese Stammeseigentümlichkeit, obgleich sie selber, wenn sie einmal über Donau und Lech hereingebrochen, an diesem flüssigen Lotos ein tiefes Gefallen zu finden beginnen und selbst zur Polizeistunde oft nur mit sanfter Gewalt aus den Wirtshäusern hinauszuschaffen sind. In der Tat ist es auch, mäßig genossen, ein lieblicher Trank, gesellig und friedlich, weil es viel langsamer als der Wein zur Berauschung, zu Lärm und Streit verführt, billig und vor allem republikanisch, da es der Fürst, der König nicht anders hält als der Bettler. Wenn die Altbayern auf der Leipziger Messe weniger literarische Kleinodien auslegen als die meisten anderen Deutschen, so ist dies, wenn nicht ihrer Bescheidenheit, so sicher auch nicht ihrem Nationaltrank zuzuschreiben, sondern eher ihrer Vorliebe für Ackerbau und Viehzucht, wie ja auch die Arkadier im alten Griechenland keinen Homer und keine Tragiker erzeugten, und auch heute noch die Pommern, die Märker, die Mecklenburger dasselbe tun oder vielmehr unterlassen. Dass man manchen Schoppen Bier zu trinken und dabei doch geistreich zu sein vermag, hat unter anderem Jean Paul nachahmungswürdig dargelegt.

Mit besonderer Freude begrüßte ich aber bei Gelegenheit der vorjährigen Schillerfeier eine anziehende Notiz in Gustav Schwabs beredtem Leben des Dichters, dass nämlich derselbe wenigstens in jenen Tagen, als er mit Don Carlos umging, und schon vorher viel lieber Bier als Wein getrunken habe. Wenn nun schon das Mannheimer Bier der ihm einwohnenden Muse so gedeihlich war, was würde er erst gedichtet haben, wenn er mit unserem Münchner Nektar vertraut geworden wäre? Er selbst schreibt doch nicht ohne Stolz im Hornung 1783 von Mannheim nach Bauerbach: »Jetzt bleib' ich – durch meine Aufnahme in die gelehrte Gesellschaft, deren Protector der Kurfürst ist, bin ich nationalisirt und pfalz-bayerischer Unterthan!« Das Hochgefühl, das aus diesen Worten spricht, hat den Edlen gewiss auch getröstet über den Ehrensold von fünfhundert Gulden, den ihm der kunstliebende Kurfürst, der gegen seine Schätzchen so freigebig war, gewährte. Überdies hatte er noch den anderen Trost, ein Berufener zu sein, was in Bayern immer zu den ersten Lebensgenüssen gehört. Und vielleicht fand er eine weitere Beruhigung gerade wieder in jener braunen Aganippe, wo sie ja auch schon Samuel Johnson in ähnlicher Lage gefunden haben dürfte, wenn er anders den Rat befolgte, den sein alter Einsiedler in folgender Ballade zu geben wusste:

> »Hermit old, in mossey cell
> Wearing out life's evening gray,
> Strike thy pensive breast, and tell:
> Where is bliss, and which the way?«

Thus I spoke, and frequent sigh'd,
Scarce repress'd the falling tear,
When the hoary sage replied:
»Come, my lad, and take some beer.«

»Einsiedel alt, in moos'ger Zell,
Lebst du den ganzen Lebensabend hin,
Schlag an die Denkerbrust und sag:
Wo ist das Glück, wie führt der Weg zu ihm?«

Ich sprach's und seufzt' und seufzt',
Und wusste kaum der fall'nden Trän' zu wehren.
Doch der ergraute Weise kurz erwidert:
»Geh zua, mei lieber Bua, kaaf dir a Mass!«

## Michael Georg Conrad: Die Bierstadt München

München ist die erste Bierfestung der Welt. Ganz im Mittelpunkt ragt die klassische Gambrinus-Zitadelle aus urbajuwarischer Zeit: das königliche Hofbräuhaus. Rings um die Stadt legt sich wie ein undurchbrechbarer Ring der Wall der Bierkellerbauten mit vielen trutzigen Vorwerken und Sperrforts nach allen Himmelsgegenden. Auf welchen Straßen, Land-, Wasser- und Schienenwegen der Fremdling auch nahen möge, er muss durch den Gürtel der Kellerburgen; überall knallen ihm die Spundpfropfen entgegen, kriegerische Biergesänge mit Banzenschlag und Deckelgeknatter umbrausen und betäuben ihn. Die Trommeln wirbeln, die Zinken schmettern, von uniformierten Militärkapellen wird der Sieg des alles bezwingenden Nationalgebräus von den hohen Kellerbasteien in die Welt hinausgeblasen. Gleich bei der Einfahrt in den Zentralbahnhof ragen rechts auf zyklopischem Gemäuer die mächtigen Kellerburgen der Spaten-, Pschorr- und Hackerbrauerei, flankiert von unzähligen, Tag und Nacht fürchterlich qualmenden, hohen, runden Feuertürmen, während links auf natürlichem Hügel, gar traulich bewaldet, der Augustiner- und Kandlerkeller sich recken in der anspruchsloseren Form antiker Bierstadel. Naht der Fremdling auf der Nymphenburger Straße, so stößt er auf die wuchtigen Fortifikationen des Arzberger- und Löwenbräukellers, ausgeführt im reichsten Renaissancestil; kommt er von der Rosenheimer

Landstraße, so ist erst recht kein Entrinnen: da liegen links und rechts hart am Wege, der sich isartalwärts zu einem förmlichen Engpasse gestaltet, der umfangreiche Zengerkeller (jetzt bürgerliches Bräuhaus genannt, im Biedermannsstil), der Kuppelhallenbau des Münchener Kindls, der Eberl- und Sterneckerkeller, der alte Franziskaner- und Stubenvollkeller, an der abzweigenden Preysing- und Wienerstraße der Dürnbräu- und Metzgerkeller und gegenüber der Leistbräu- und der neue riesige Hofbräuhauskeller. Wer aber vorsichtig die großen Heerstraßen umgehen und sich zum Beispiel vom Bavariapark und der Theresienhöhe her in die Stadt schleichen wollte, der würde plötzlich von einer ganzen Kellerflanke aufs Korn genommen: Bavaria-, Pollinger-, Hirschbräu- und andere Keller – wer nennt die Namen alle? – kämpfen hier Schulter an Schulter. Nicht weniger kellerbefestigt ist der Flusslauf der Isar, die nicht müde wird, die Wunder und Siege des berühmten Salvatorkellers zum Zacherl am Nockherberge, wo die mörderischsten Bockschlachten zur Zeit der Frühlings-Tagundnachtgleiche geschlagen werden, den Schwerhörigsten in die Ohren zu rauschen.

Damit in früheren Zeiten der weniger biergelehrte Fremdling wusste, wessen er sich von der Eigentümlichkeit der guten Stadt München zu versehen habe, erbauten die Ureinwohner die bis in die Wolken ragenden Doppeltürme der Frauenkirche in Gestalt von zwei kolossalen Masskrügen, so da weithin über die bayerische Hochebene sichtbar das fromme Wahrzeichen von München geblieben sind bis auf den heutigen Tag. Wessen Gehirnzentren aber nicht von der bierologischen Wissenschaft erleuchtet, wessen Augen und Ohren nicht durch den ungeheuren, auf ein Ziel zuwogenden, von Gesang und Musik und Anzapfungslärm empfangenen Menschenstrom der rechten Erkenntnisvermittlung fähig wären, der vermöchte schon durch sein Riechorgan die Nähe der verborgensten Keller und Bierkasematten erraten; denn eine ungeheure Duftwolke von Malz und Hopfen, Rettig und Käse, Schinken und Knoblauchwurst, Kalbsbraten und Dünngeselchten mit Sauerkraut und Senf umhüllt in nie geahnter Stärke diese biergesegneten Orte. Hat sich aber ein Fremdling in den entlegeneren Gassen verirrt und strebt er sehnsüchtig ins Freie zu einer klassischen Gambrinuskultstätte, so darf er sich nur dem ersten besten Pilgerchor anschließen und sich vertrauensvoll fortziehen und drängen und treiben und stoßen lassen, schließlich wird er ganz unfehlbar an der rechten Stelle angeschwemmt. In Sälen,

Hallen, Gärten, die oft über zweitausend Biergläubige fassen, wird auch er noch einen Platz und einen Masskrug, etwas Schweinernes oder Kälbernes finden, um sich für alle Fährlichkeit und Drangsal des Weges zu entschädigen und seines wahren Münchener Lebens und Strebens froh zu werden. Amen.

MICHL HUBER: ## Das Münchner Bier
(Liedtext)

Grüaß Gott, liabe Leutln,
ich hab' euch was bracht,
was ich in der Fremd' drauß'
zusammen hab' gemacht!
Es is a neues Gsangl
mit frischem Humor,
das klingt oan beim Singa
fidel nur an 's Ohr!
Mir ist es sehr guat ganga,
nur oans g'fehlt hat mir:
*Refrain:*
|: Es war das guate, braune,
ölige, g'schmackige g'süffige
Münchner Bier! :|

Der Wein, der stärkt die Glieder,
der Schampus steigt in Kopf,
der Schnaps, der wirft uns nieder,
der Punsch nimmt oan beim Schopf!
Der Tee, der macht uns Hitzn,
der Kaffee regt uns auf,
am Glühwein muaß ma schwitzn,
koa Wasser mag ma drauf!
Auf alle die Getränke
recht gern verzichten wir:
*Refrain:*
|: Hab'n wir a guates, braunes,
öliges, g'schmackiges, g'süffiges
Münchner Bier. :|

26

Warum die Herrn im Reichstag
tun immer disputiern,
und einer tut den andern
mit Reden bombardiern:
Das kann ich ihnen sagen,
ich weiß die ganze Schuld,
sie haben keine Anfeuchtung,
drum reißt oft die Geduld.
Sie sitzen immer trocken,
da macht's Reden kein Plaisir:
*Refrain:*
|: 's fehlt ihnen das braune, guate,
ölige, g'schmackige, g'süffige
Münchner Bier. :|

Als einst der Schah von Persien
Europa hat bereist,
da kam er auch nach München
und hat sehr nobel g'speist.
Doch alle diese Speisen,
die man hat aufgetischt,
die wollten ihm nicht schmecken,
hat nur mit der Gabel g'fischt.
Er sagt: »Auf diese Esserei
verzicht ich samt dem Geschirr:
*Refrain:*
|: Gebts mir an halbn Eimer guates
braunes, g'schmackiges, g'süffiges
Münchner Bier.« :|

Der Münchner, wenn er krank wird,
dann liegt er halt so drin,
doch will er gar nix wissen
von einer Medizin.
Er bringt's halt net hinunter,
es passt net in sein Gram,
s' tut mancher lieber sterben,
des bringt er halt net z'samm.
Und wenn er schon am Todbett liegt,
seufzt er noch voll Begier:

*Refrain:*
| : Gebts mir noch a Masserl von dem
guaten, g'schmackigen, g'süffigen
Hofbräuhausbier. : |

## WEISS FERDL: München und sein Bier

München und Bier, das lässt sich nicht trennen. Wenn man von München spricht, dauert's nicht lange, dann kommt auch 's Bier dran, und redet man vom Bier, dann kann München nicht ausbleiben.

Rollt der Zug gegen München, sieht man von Weitem das Wahrzeichen: die Frauentürme, die ausschaugn wie zwei Masskrüag mit Deckeln. Je näher der Zug dem Münchner Hauptbahnhof kommt, desto mehr wird der Fremde erkennen, dass er sich, trotz gegenteiliger Ansicht verschiedener Leute, einer Industriestadt nähert. Rechts und links grüßen die gewaltigen Schornsteine der Münchner Großbrauereien, und in den Kohlengestank der Eisenbahn mischt sich lieblicher Malzgeruch. Man ist in München, in der Heimat des Bieres.

Schon Tacitus, der römische Redakteur, erzählt in seinen Reiseberichten, dass die Bajuwaren ein barbarisch gutes, braunes Getränk brauen. Das ist das einzige, was ihm in unserer Gegend bemerkenswert erschien.

Im Jahre 1158 gründete Heinrich der Löwe die Löwenbrauerei und dann München. Einige Reklamechefs von anderen Brauereien behaupten zwar, das sei eine Geschichtsfälschung, und sie haben den Geheimrat Dr. Schülein, der nebenbei Gelegenheitsdichter ist, im Verdacht – Heinrich der Löwe soll doch zuerst München und dann erst die Löwenbrauerei gegründet haben. Kann schon sein, er war ja kein Bierbrauer. Ich weiß nicht, wer recht hat, und da ich keine Brauerei-Aktien hab – leider – ist es mir auch wurscht.

Sei es, wie es will, das Bier hat immer die größte Rolle bei uns gespielt. Was hat München weltberühmt gemacht? Das Bier! Die hohe Kunst in Ehren, ich will ihr nichts wegnehmen – aber erstens war München durch das Bier schon weltberühmt, bevor es Kunststadt wurde, und zweitens spricht man jetzt so viel vom Niedergang als Kunststadt – aber als Bierstadt sind und bleiben wir führend. Das Hofbräuhaus besucht jeder, der nach München kommt, aber nicht jeder die Pinakotheken und so weiter. Wenn wir da eine Statistik aufstellen würden, käm es an den Tag, was den Hauptanziehungspunkt bildet. Darüber brauchen wir nicht zu reden. Wir und das Finanzamt, wir wissen es.

Wo blüht die echte Münchner Gemütlichkeit, die überall so geschätzt wird? Beim Bier!

Wo kann man die ebenso beliebte, echte unverfälschte Münchner Grobheit hören? Beim Bier! Wo entfaltet sich Politik zur höchsten Blüte? Beim Bier! Wo reichen sich Nord und Süd, rechts, links und Mitte versöhnend, verstehend die Hand? Nur beim Bier!

München ohne Bier, das kann man sich gar nicht vorstellen, ich glaub', ein Erdbeben könnte uns nicht mehr schaden. München würde verfallen, würde vergessen werden. Einige hundert Jahre später würde vielleicht ein sächsischer Archäologe bei Ausgrabungen eine alte Sudpfanne finden und feststellen: »Hier an dieser Schtelle schtand einst München – früher eine lebenslustige, blühende Schtadt, später wandten sie sich von ihrem Gott Gambrinus ab und tranken Wasser – Gott sei's geklagt!«

»Ja, gibt's denn dös aa?«

## Herbert Schneider: Keferloher – Trinkgefäß und Waffe

Jedesmal, wenn ich an Keferloh vorbeifahre, ziehe ich meinen Hut. Denn Keferloh ist an Alter und Ehren reich und einer der denkwürdigsten Orte in Bayern.

Natürlich ist nicht Neu-Keferloh gemeint, wo sich pflastermüde Stadtmenschen niedergelassen haben, sondern Alt-Keferloh. Das ist dort, wo neben der Kirche das bekannte Wirtshaus steht.

Wer es nicht weiß: Keferloh liegt im Osten Münchens, hart hinter der Stadtgrenze. Schon vor tausend Jahren ist dort auf dem altberühmten jährlichen Markt mit Gäulen gehandelt worden. Einmal waren unter dem Auftrieb auch viele zottige kleine Steppenpferde.

Im Jahre 955 hatten ungarische Reiterhorden wieder einmal Bayern heimgesucht. Diesmal aber waren sie auf dem Lechfeld vernichtend geschlagen worden. Alsbald tauchten ihre Pferde auf dem Keferloher Markt auf, fanden Liebhaber und wurden den heimischen Rössern eingekreuzt.

Heute ist diese edle Mischung untergegangen. Mir freilich ist sie unvergesslich. Bin ich doch von einem der letzten jener Pferde, die in einem Bauernstall standen und feuriges Pußtablut in den Adern hatten, so heftig in den Hintern getreten worden, dass ich drei Wochen nicht mehr sitzen konnte.

Dann ist Keferloh auch die Urheimat des Keferlohers, jenes Masskruges aus grauem Ton, der schon so oft von ausländischen Besuchern des Oktoberfestes unter dem Sakko oder Mantel davongetragen wurde, dass er heute praktisch über die ganze Welt verbreitet ist.

Der Keferloher soll ums Jahr 1000 um Keferloh herum erfunden worden sein, sich auf dem Keferloher Markt voll bewährt haben und so zu seinem Namen gekommen sein.

Fast jeder, der einen Keferloher zum ersten Mal sieht, ist von seiner zeitlosen Schönheit ergriffen. Überflüssiges Dekor ist zur Gänze vermieden, der einzige Luxus, den er kennt, ist der Henkel. Die raue Innenwand bindet Kohlensäure ans Bier, sodass es länger frisch bleibt. Diese Erkenntnis eines einfachen Landmenschen, der nicht den kleinsten Doktorhut besaß, erregt noch heute die Bewunderung der Nachfahren.

Wie man weiß, geht es beim Pferdehandel oft recht hitzig zu. So wird von Anfang an der Keferloher in Keferloh nicht nur als Gefäß, sondern auch als Waffe benützt worden sein. Taugt er doch gleichermaßen zum Hieb wie zum Wurf. Um Keferloh herum haben Archäologen die Erde voll von grauen Tonscherben gefunden.

Durch die Jahrhunderte hindurch hat der Keferloher in ungezählten Wirtshausschlachten seine – Nachgiebigkeit erwiesen. Es ist zwar richtig, dass er Wunden schlägt, doch hinderte er durch seine schnelle Zerbrechlichkeit doch die ansonsten mögliche gegenseitige Ausrottung der bayerischen Biertrinker. Auch dies muss einmal mit aller Deutlichkeit gesehen und gewürdigt werden!

Heutzutage hat der Keferloher seine Bedeutung als Waffe verloren. Irgendwie ahnt das Volk dunkel, dass in einer Zeit vehementer Zuwanderung einerseits und rapiden Geburtenrückgangs andererseits kein Tropfen bayerischen Blutes mehr unnütz auf Wirtshausbrettern versickern darf.

Dass auch in alten Zeiten die Bayern einen gewaltigen Durst hatten, verdeutlicht nichts besser als der Umstand, dass sich der einst im Osten Münchens reichlich vorhandene graue Ton, der zur Herstellung von Keferlohern diente, durch den fortlaufend großen Bedarf an ihnen schnell erschöpft hat. Der Loam aus Laim, beziehungsweise der Lehm aus Loam musste einspringen. Seit geraumer Zeit wird nun schon der bayerische Keferloher im Westerwald produziert. Könnte es sein, dass deshalb auf Starkbierfesten immer wieder in gewaltigen Rundgesängen das Loblied auf diesen Westerwald angestimmt wird, obwohl über seine Höhen der Wind so pfeift und er die Bayern nicht das geringste angeht?

Mit der Hand durch den Henkel eines Keferlohers zu schlüpfen, die kühle Wandung zärtlich fordernd zu umfassen, entweder mit dem unkomplizierten Vorhand- oder dem künstlerisch verschnörkelten Rückhandgriff, gehört zu den Seligkeiten der Bayern, aber auch, wenn sie es erst einmal erschmeckt haben, anderer Völkerschaften. Der Keferloher gibt allen zuverlässigen Halt. Aus Erde geformt und mit ihren Gaben gefüllt, hält er das rechte Maß und die frische Mass.

Keferloh, an dir vorbeizufahren, ist jedesmal ein seelisches Fußbad!

### Franz Freisleder: Münchner Bierschlachten

Bierpreiserhöhungen sind heutzutage eher die Regel als die Ausnahme. Es wird auch das eine oder andere mannhafte Wort dazu am Stammtisch gesprochen. Doch am Ende schluckt der Konsument halt doch mit dem Bier auch den neuen Preis. Und wenn er dann seinen Masskrug nach dem ersten Schluck vielleicht ein bisserl nachdrücklicher auf die Tischplatte zurückstellt als sonst, so ist das der einzige Krach, den er verursacht. Preissteigerungen etwa bei der Wiesnmass, bei den Frühjahrsstarkbieren oder dem gewöhnlichen Dunklen und Hellen – die sind höchstens noch in der örtlichen Boulevardpresse für eine Meldung auf der ersten Seite gut. Das war früher ganz anders. Im 19. Jahrhundert konnte sich eine Reaktion selbst auf die geringfügigste Verteuerung zur gewaltigen Bierschlacht auswachsen. Immerhin hat es sogar noch 1970, als der Preis für die Wiesnmass um 15 Prozent auf 2,75 Mark steigen sollte, Boykottaufrufe gegeben, Drohbriefe mit Trauerrand an die Wirte und Empfehlungen, doch einfach Dosenbier aufs Oktoberfest mitzubringen. Aber das war's dann auch schon.

Allerdings: Protestierte, ja randalierte man in früheren Zeiten im Zusammenhang mit dem Gerstensaft *gegen* etwas, so gehen in jüngerer Zeit die Münchner *für* etwas auf die Straße: nämlich für die Erhaltung ihrer Biergartenkultur. Rund 25 000 waren es denn auch, die im Mai 1995 ihrem Zorn bei einem Wutbürger-Marsch vom Marienplatz zur Staatskanzlei Ausdruck verliehen. Der Bayerische Verwaltungsgerichtshof hatte damals zum Schutz von Anwohnern vor dem täglichen Biergartenlärm aus der Pullacher Waldwirtschaft, wo's traditionell zur frischen Mass auch Jazzmusik gibt, ein Vorziehen der Sperrstunde auf 21.30 Uhr verfügt. Die Staatsregierung sprach schließlich in Gestalt einer Bayerischen Biergartenverordnung ein generelles Machtwort, das allzu frühen Zwangsschließzeiten einen Riegel vorschiebt: Weil Biergartenlärm grundsätzlich nicht als »schädliche Umwelteinwirkung« einzustufen sei, dürfe bis 22.30 Uhr ausgeschenkt werden, müsse aber der Betrieb um 23 Uhr beendet sein. Und nicht weniger als 5000 Sendlinger versammelten sich im Januar 2015, um gegen eine städtebauliche »Nachverdichtung« zu protestieren, der ihr geliebter »Tannengarten« zum Opfer fiele.

## Preußens Gesandter kann's nicht begreifen

Jetzt aber ein Blick zurück in die Zeiten, in denen man sich in München nicht mit Protestmärschen begnügte, wenn es ums Bier ging. Schwarze Tage hatten da die Brauer anno 1844, als sie am 1. Mai den Preis für die Mass von sechs auf sechseinhalb Kreuzer (nach heutiger Rechnung etwa von neun auf neuneinhalb Cent) erhöhten: Die am selben Tag stattfindenden Trauungsfeierlichkeiten für Erzherzog Albrecht von Österreich und Prinzessin Hildegard von Bayern sind noch nicht zu Ende, da beginnt gegen 19 Uhr – zunächst ausgehend vom Maderbräu im Tal, wo ein paar Soldaten sich weigern, die erhöhte Taxe zu bezahlen – ein Sturm auf die Bräuhäuser. Die Methode ist immer dieselbe: Von den schweren Bierwagen, die vor den Brauereien herumstehen, wird eine Deichsel ausgehängt und sechs, acht Mann rammen mit ihr unter rhythmischem »Hau-Ruck« die Tore ein. In den Galsträumen demoliert man die Einrichtung, in den Kellern schlägt man die Spunde aus den Fässern. Wer keinen Krug hat, trinkt aus dem Hut oder der hohlen Hand. Bis – verspätet wegen ihres Einsatzes bei der Hochzeit – eine Gendarmeriekompanie eintrifft, der dann noch eine Infanteriepatrouille zu Hilfe eilt, sind an die zwanzig Bräuhäuser verwüstet und die Fensterscheiben der Polizeidirektion eingeschlagen.

Am Tag danach stehen zum Teil dieselben Münchner, die am Abend zuvor alles kurz und klein geschlagen hatten, dichtgedrängt in den Straßen Spalier und jubeln mit Vivat-Rufen dem Umzug mit dem frischvermählten Paar und den hohen auswärtigen Gästen zu. Dessen ungeachtet wiederum geht am 3. Mai die Bierrevolution weiter. Diesmal beginnen die Randalierer im Bockkeller des Hofbräuhauses und ziehen anschließend in die Wirtschaften im Tal, am Maximiliansplatz und in der Sendlinger Straße.

Ergebnis der Maikrawalle von 1844: zwei Tote (ein Kürassier und ein Zivilist), dreizehn schwerverletzte Polizisten, über hundert leicht Verletzte auf beiden Seiten und 142 Festnahmen. Fassungslos schreibt der preußische Gesandte von Küster an König Friedrich Wilhelm nach Berlin, er könne es nicht begreifen, dass die lodernde Begeisterung für das Königshaus beim Hochzeitszug ebenso echt gewesen sei wie der Kampf um das Bier. Noch am 3. Mai wird eine Bekanntmachung angeschlagen, die mit dem Satz beginnt: »Die hiesigen Bräuer haben sich erklärt, das Bier um 6 kr. verleit geben zu wollen.« Langsam kehrt daraufhin in der Stadt wieder Ruhe ein.

Erst als fünfzig Schwere Reiter kamen …

Obwohl die Mass um diese Zeit nur mehr fünf Kreuzer kostet, kommt es am 17. Oktober 1848 erneut zum großen Biersturm mit Toten und Verletzten, nachdem Demonstranten mit ihrer Forderung, die Mass für vier Kreuzer auszuschenken, nicht durchgekommen waren. Am schlimmsten trifft es den Pschorr-Bräu in der Neuhauser Straße. Weil das Gerücht umgeht, Brauknechte hätten dort drei Randalierer erschlagen, demoliert eine blindwütige Menge das Schanklokal, das gesamte Inventar der Brauerei samt Fuhrpark und die Wohnung der Pschorrs, die sich im letzten Augenblick retten können. Auch die Besitzerfamilie Brey vom Löwenbräu entkommt dem rabiaten Pöbel nur, weil sie sich aus dem ersten Stock ihrer Wohnung in einen Hinterhof abseilt.

Straßenschlachten mit zwei Toten, Hunderten von Verletzten und verwüsteten Gaststätten gibt es auch 1866 nach einer angekündigten Bierpreiserhöhung auf sechseinhalb Kreuzer. Das Pschorr-Haus bleibt diesmal allerdings verschont. Seniorchef Georg Pschorr verspricht der anrückenden Horde: »Gehts nur weiter, ich geb's schon um sechs Kreuzer.« »Is' aber auch wahr?«, insistiert der Wortführer. »Ganz gwiss«, beteuert Pschorr – und hält auch sein Versprechen.

Nichts mit einer Preiserhöhung hatte die letzte Münchner Bierschlacht zu tun, die an Mariä Verkündigung 1888 beim Salvatorausschank auf dem Nockherberg tobte. Der Streit eines Krakeelers mit einem Gast, dem er den Zylinder eingetrieben hatte, war dermaßen eskaliert, dass die Polizei auf verlorenem Posten stand und erst ein Trupp von fünfzig Schweren Reitern die Massenkeilerei beenden konnte.

### Hitler und der Wiesn-Bierpreis

Die besondere Bierpreis-Sensibilität der Münchner kannte übrigens auch Adolf Hitler – und versuchte, sie zugunsten seiner Popularität zu nutzen. 1934, ein Jahr nach seinem Machtantritt, verfügte er persönlich, den Bierpreis in der »Hauptstadt der Bewegung« für die gewöhnliche Mass von 48 auf 44 und für die Wiesnmass von einer Reichsmark auf 90 Pfennig zu senken. Zwei Jahre später allerdings fühlte er sich fest genug im Sattel, den Preis wieder auf die alte Höhe anheben zu lassen, ohne Proteste fürchten zu müssen. Und er hatte sich nicht verkalkuliert …

## LUDWIG THOMA: Jozef Filser und der Bierkriegs-Schauplatz

*Beriechd des kenigl. Abgeorneten Jozef Filser ieber die Reiße auf den krigsschaublatz bedräf das bier bei Waserburg*
*An das kenigliche Barlamändszändrum in Minchen im kadollischen Gasieno*
hochwiernige Hern Bresadent und Abgeornete! Beträf disser Reiße wo ich mid den kenigl. Abgeorneten Glasl und Irzinger fohlendet habe melde ich gehorsamt das der kenigl. Abgeornete Glasl im Schbitahl in Waserburg sich befindlich ist und der kenigl. Abgeornete Irzinger im Krankenhauß dahir und ich ein zerbrochenes Nassenbein besieze und ist disses das Ergäbnis inserer barlamendarischen Reiße, und ist auch das linge Auge des underferdigten mit blüt underlauffen und lege ich auch die erztlichen rächnungen bei und ist auch meine Ur im Dienzte zerbrochen.

Auf befäl der barlamänzbardei mus ich es genau beschreim.

Kelobt sei Jessas Kristus aber es wahr eine habscheilige Reiße.

Am Dienztag kahm der befäl des hern bresadent Orderer das ich und der Glasl und der Irzinger mich zu iem begübe und sind mier auch zu iem und sagd er meine härn sie missen auf das schlachdfeld fon Waserburg wo jez der bierkrig ist und missen disses unwissende Folk belären und besenftingen, und bald sie färtig siend mehlden sie das ergäbnis. Und jez siend mir auch ferdig und ligt der kenigl.

Abgeornete Glasl im Schpitahl und inser Kohlege Irzinger mus im Krankenhauße ferweulen und auch ich bin ferläzt. Dises ist das ergäbnis, aber sonzt keines und ist auch nimand besenftigt und belärt sontern blos ferläzt.

Mier sint eingestigen im Oßtbanhof in Minchen dahir und hawen schohn dort die feundsälikeiten begohnen intem ein Mentsch durch die finger gebfifen had und schauge ich um und frahge was wohlen sie und sahgt er das er mechte kraudköbfe bei mier bestälen haber mus jeder so gros sein wie mein geschwolschedel und hawe ich iem das landesibliche geantwort wo ich aber dem barlamänd nichd deitlich bezeuchnen kahn.

hochwierninge bardei und geischliche härn forgesäzte!

Um fier ur sind mir in waserburg ankohmen und auch mid gezimender erfurcht fon den beahmten emfangen wohrden und hawe ich disse Leite in audiänz genohmen und frahge ich den bezierksambdman, wo ist der krigschaublaz. Mir sind nahe hiebei sagd er und die flamen des aufrurs gengen den Biergenus läggen schohn an disse stadt.

da hawe ich gefragt ob das Folk ieberhaubts kein bier nichd mähr drinken wiel oder plos weninger, und da sagd der bezierksambman, das gahr kein bier gedrunken wierd sontern wahser und schpringerl und limanahdi. Jez hawe ich gleich erkahnt das die Treie gengen Drohn und Aldahr erschittert ist und das ädle baiernhärz mus fohler unmuth sein bald es einmal limanahdi drinkt.

Ich hawe zum bezierksambdman gesagd, das mier ahle insere Kraft einsäzen wohlen, das der biergenus und die libe zun hauße wiedelsbach nicht erlöschen derf und desweng sind mier gekohmen und frahge ich, wo sohlen mier anfangen zun agatiern und sagd er fileichd in Albaching oder wo sie wohlen es ist ieberal gleich. da sind mier keniglichen Abgeornten mit der hochwierningen Geischlichkeid und den beahmten ins Wierzhauß gangen damid das mier einen blan endwerfen den had ein geischlinger her gesagd one einen schlachdenblan dierfen mir ins nichd gengen disse feunde wahgen. dadurch hawen mir bis midernachd beraden und hawe ich zerst gemeunt fileichd bald disse ferbländeten Leite die Schtimme eines barlamendarischen landesfaters fernähmen das sie iere limanahdi ausschbeiben und wider das bier liben und ier härscherhauß und auch das wolwohlen der ädlen Zäntrumsbardei erkähnen und nichd iere kadollische rähligon ferlieren wohlen wengen zwei Bfening fier die Maas. Haber disser geischliche Wierdendräger wo schon ohben erwönt ist had gesagd mein liber Mentsch, inserne Worde sind zu schwach fier disse Biffel und hawen ahle geischlichen Härn auf der Kansel fersuchd das sie doch das Folk fon der limanahdi zu ieren angeschtamten bier und rähligiohn zurikbringen haber der zeitgeischt ist so schlächt, das er sogahr dem durscht widerstät.

hochwierninges barlamänd und geischlinge forgesäzte ich mus es beriechden das mir ahle erkahnt hawen das disser saustahl durch den ieneren feind gekohmen ist indem disse Breißen insern folksthiemlichen ferstand ferviert haben dadurch das mir die biersteier genehmigt hawen. Bald der zändrumsmahn zu hauße siezt schimbft er sär schtark iber die Breißen wie es sich gehärt damid das mir als folksmäner gelibt werden, haber bald so einer auf bärlin kohmt ist ahles anders! der brafe baier draut sich gar nichd sei Fozmäu auf machen, weil es nichd fornähm ist und die groskobfeden breißen, wo auch file adeliche dabei sind lasen ien nichd dischpatirn. Es kohmt ein Graf zu iem oder gar ein fürscht und glopft iem auf der axel und durch disses fergiest er insere angeschtamte häslichkeid gegen breißen und machd eine dämithige fotzen wie der haußgnechd bald ein fornähmer Mentsch aussteigt und der fornähme Mentsch gibt iem sein Gebäck und seine schweren Kofer zum dragen und der folksame Gnecht dragt ahles bald es auch sär schwehr ist.

Disser bairische zändrumsmahn wo in bärlin under die grafen und fürschten läbt ist kein ädles roß das sich beimt und ausschlahgt sontern ein schtieler ox wo seinen haksen hinhalt und sich beschlahgen last und bald er ein schlechtes hufeisen krigt mus er hienken haber derf nichd wiederschbenstig sein sonzt haud mahn ien mid der geißel ieber das fozmäul.

hochwierninge bardei und geischliche forgesäzte leuder disses ist war und mus beschtätigt wern bald mier es auch ins nichd ankehnen lasen sontern im Folke ferbreiden das mir aus bolidik disse biersteier gemachd hawen, wodurch disser Krawahl gekohmen ist und disse refoluziohn gengen das bier und mid der limanahdi.

Indem mir bei dissem krigsrade sär betrib gewäsen sind und nichd gewißt hawen wie mir ins ferhalten sohlen und auch der bezirgsambmann nichz gewust had, da ist dem keniglichen abgeorneten Glasl eingefahlen das mir fieleicht einen häktoliter oder zwei bezallen und bei dissem freibier wohlen wir das folk ieberreden. Haber der geischlinge Wirdendreger had gesagd mir missen in jädem dorf ein freibir gäben, sonzt ist es gans gefält und mir köhnen ja die koschten dem barlamänd aufbierden, wo es ja iemer genehmigt bald es fom zändrum ferlangt wierd. Disses hawen mir erkahnt und weil es zur belärung des folkes gehert hawen mir beschlosen das die koschten fier kirchen und schuhlangelägenheid ferechnet werden.

Leuder es ist aber anderst gegangen. Mir hawen in Sünzing angefangen und auch bekant geben das jeder bei disser fersammlung umsonzt drinken derf. Mir hawen gemeint bald disses bairische Folk wider ein bier schmäkt das es dan zurikkährt zur angeschtamten libe zum härscherhaus und die sozi und die limanahdi ferabscheit.

Disses ist auch eingetrofen fon drei ur bis um acht ur wo das freibier gedrunken wahr und hawen ahle leite ins zugehärt und inserne Worte behärzigd, indem mir sie aufgevordert hawen das sie in Dreie fest wider bier drinken.

Haber wie das freibier gahr ist gewäsen und mir geklaubt hawen, das sie es gewähnt siend, da ist ein ögonohm aufgestanden und had gesagd, das es jäzt erst rächt bidder ist fier das Folk bald sie sechsazwanzg bfening zallen missen nachdem das sie umsonzt gedrunken haben und das der bayrische Löbe nichd zur dränke ziet bald er so fiel zallen mus.

Und er had gesagt durch disses bier wo sie jäzt gedrunken hawen krigen sie mohrgen in der friehe einen häftigen Durscht und da ist es erst rächt schmerzlich, bald sie ien nichd läschen köhnen.

Und er had gesagt, das die zändrumsbardei ienen das baradiß gezeugt had durch disses bier wo nichz gekost hat, haber sie dierfen nichd hinein sontern missen sechsazwanzg bfening Eindrittsgäld zallen.

Und er had gesagt, disses bier ist der schpeck wo mahn damid meise fangt und es ist der judaßkus fon disser zändrumsbardei.

Da had der kenigliche Abgeornete Glasl geschriehen das disses eine frächheid ist bald mahn zuerscht ahles saufft und dan schimbft, haber da hawen ien schohn disse ferbländeten leite gebakt und auf seinen Gobf fiele maskriege zerschlahgen, bis das er ändlich genug gehabd had und ist hingefahlen, und dem keniglichen Abgeorneten Irzinger haben sie mid einem wagscheitel ieber den fotz geschlahgen und mid zaunlaten mishandelt was aber nichz gemachd häte bald keine negel darien gewäsen weren, haber es wahren negel darien und durch disse had er auf dem hinderkwartir file streiffen erlidden und auch der underfertigte, wo doch fieles gewohnt ist, had ein par solchene ieber seine nasse erhalden, das disses nassenbein gebrochen wahr auch mehrerne schräge mit einen bierschlägel auf das haubt, was aber plos forieber gähend war.

Hochwierninge Bardei auch Bresadent und geischliche forgesäzte, ich mus es mid schmärz beriechden das der geischliche wirdentreger hinder dem tisch herforgezohgen ist wohrden und ist so geschlahgen wohrden bis das einer geschrieen had jez köhnen es sechsazwanzg schöllen sein und da wahr sein hochwierninges Andlitz geschwohlen wie eine dambfnudl.

Disses ist das ergäbnis inserner barlamändarischen misionsreiße und mus ich dadurch leuder beschtetigen, das die anhenglichkeit an das zändrum nichd mer so schtark ist und das drohn und altahr under-grahben sind durch dissen aufrur mid limanahdi. Disses beschtetige ich auch fier die verläzten keniglichen Abgeorneten und ligt auch eine rächnung fier zwei häktoliter und den Bahder und fier erlitenen dienztliche ferläzungen bei bedreff kirchen und schuhlangelägenheiten

fon eiern liben

Jozef Filser,

fier das zändrum mid glohrie beidelt und gfozt und bleubt aber in dreie fäst.

## Josef Ruederer: Die Neuesten Nachrichten
### (Auszug aus der Erzählung)

Brrr … Es klingelt schon wieder am Telefon. Diesmal ist's ein Bier-brauer. Ein recht ansehnlicher, mit jährlich hunderttausend Hektoli-tern. Gemeindebevollmächtigter und Mitglied des Vereins zur Hebung der Fremdenindustrie. Außerdem, wie er besonders betont, seit dreißig Jahren Abonnent des Blattes. Aber so etwas ist ihm doch noch nicht vorgekommen, so etwas, wie der gestrige Artikel von dem Mäßigkeits-hanswurschten. Predigt der Bazi gegen den Biergenuss! Ja, wo soll man denn da hinkommen? Bei den Steuern, bei den Löhnen! Er bedanke sich für eine solche Vertretung berechtigter Interessen, er schäme sich für München. Und, wie gesagt, seit dreißig Jahren Abonnent der Neuesten Nachrichten. Wird aber nächstens das Blatt abbestellen, wie er dem Redakteur spöttisch bemerkt. Der tut untröstlich und küsst beim Sprechen förmlich das Membran. Ein Abonnent weniger – ein Mann, der dann eine andere Zeitung, vielleicht ein Zentrumsblatt hält – nicht auszudenken wäre solch ein Verlust. Schon wegen der

Konsequenzen. Möglicherweise folgt dann auch der Pschorr nach, der Augustiner, der Spaten, und das Festjubiläum, das man neulich durch die Anmeldung des 117 423. postalischen Abonnenten begehen konnte, ist wieder zuschanden gemacht. Darum schnell ein sympathisches, kleines Entrefilet, diesmal über dem Strich. Mit der Mäßigkeit ist's nicht so wörtlich zu nehmen. Ein Versuch, nichts weiter. Der wackere Bürger soll auch künftig sein bescheidenes Gläschen im Frieden genießen, er soll nicht irrewerden durch die wohlgemeinte Predigt eines Abstinenten, die mehr für die Norddeutschen gegolten habe, weil die so viel trinken, oder noch besser, für jene Elemente, die von auswärts hierher ziehen, auf den Ehrentitel Münchner aber keinerlei … Da klingelt's schon wieder. (…)

R. W. B. McCormack: Trinksitten

Das in steinernen Ciborien kredenzte Starkbier auf der Oktoberfestwiese ist so zähflüssig wie der Verkehr um sie herum. Die Atmosphäre in einem Bierzelt kann überhaupt erst durch *thick description* eingefangen werden. Wie die ägyptische Kultur nur eine Hieroglyphe für Brot und Bier kannte, so sind auch im Bayernland beide Begriffe so gut wie identisch. Dies erhellt nicht zuletzt aus der Ereignisgeschichte. Nach dem Zweiten Weltkrieg wurde Dünnbier auf Brotmarken abgegeben. Im allgemeinen Sprachgebrauch heißt »nass fuaddern« so viel wie trinken. Einer der Meinungsführer mahnte seine Stammesgenossen: »Leut, versaufts net euer ganzes Geld! Kaufts lieber Bier dafür.« (…)

Der Gesetzgeber betrachtet Bier heute noch als das fünfte Element. Die Bevölkerung sieht in ihm ihr Nationalheiligtum. Bisweilen zerschlagen die Trinker ihre Tempelgefäße in religiöser Ekstase auf den Häuptern der Mitgläubigen. (…)

Das Lied »Ein Prosit der Gemütlichkeit«, das fast mehr einem *shout* als einem *chant* ähnelt, ist in der Residenzstadt entstanden und um 1900 aufs Land gekommen. Es sollte die sorgenbrechende Funktion des Bieres verstärken. Der Fachausdruck hierfür lautet »seinen Grant obischwoabn«, was so viel heißt wie seinen Kummer ertränken. Die von der Stammesführung verfolgte Strategie des Quietismus *cum* Bier ist in aller Regel erfolgreich. Nach dem Erreichen eines bestimmten Quantums erfolgt die akinetische Versenkung ins Innere und die Weltvergessenheit auf dem Heimweg. Ein schwerer politischer

Fehler unterlief der Obrigkeit im Jahre 1910, als sie den Bierpreis nicht so behutsam wie gewohnt, sondern abrupt um zwei Pfennige hinaufsetzte. Der Stamm reagierte mit Randale, in Gars, Rott am Inn, Steinhöring, Deggendorf und Osterhofen wurden Brauereien zerstört. In Dorfen brach ein Bierkrieg aus, dort brannten mehrere Wirtshäuser nieder, der halbe Ort sank in Schutt und Asche.

Die Revolution von 1818/19 kam wegen der allgemeinen Unzufriedenheit über Konsistenz und Geschmack des Dünnbiers in Gang. Das revolutionär gestimmte Volk setzte sich vom Nordhang der Oktoberfestwiese aus in Marsch, nach geglücktem Putsch schlug der Revolutionsführer sein Hauptquartier folgerichtig im Mathäserbräu auf. Das Scheitern der Revolution tat weh vor allem aus einem Grunde. Bayern trat per Gesetz vom 24. Juni 1919 zwangsweise der Biersteuergemeinschaft des Reiches bei. Die Einnahmen gingen drastisch zurück und mussten durch erhöhten Bierausstoß wettgemacht werden. Dies gelang. Die im Allgemeinen gut unterrichtete *Hofbräuhauszeitung* konnte 1931 melden, dass es in der Hauptstadt nur noch achthundert Temperenzler gebe. Bereits einige Jahre zuvor hatte ein bekannter Volkstribun dem Münchner Nachrichtenmagazin *Der Maßkrug* gestanden: »Mein unerschütterlicher Grundsatz ist: Ich kenne keine Parteien mehr, ich kenne nur noch Masskrüge.«

Auf dem Nockherberg, einem der heiligen Bierberge rund um die Residenz, wurde die Sentenz geprägt: »Ein Wirtshaus läuft in Bayern immer besser als der Sozialismus.« Denn Bier ist ein Egalisator an sich. Die Krupskaja schrieb über sich und ihren Begleiter: »München war die schönste und leichteste Zeit unserer Emigration. Besonders gern erinnern wir uns an das Hofbräuhaus, wo das gute Bier alle Klassenunterschiede verwischt.« Nirgendwo rücken Misanthropen enger zusammen als in einem Stehausschank. In den Ausnüchterungszellen am Rande der großen Volksfeste werden die Bierleichen ohne Ansehen von Person und Stand nebeneinander aufgereiht. »Bsoffn is bsoffn«, lautet der eherne Grundsatz. (…)

In den Festzelten der Oktoberfestwiese sitzt die Stammesführung und ihre Entourage in eigenen Logen, als wären die alten Trinkstubenordnungen noch in Kraft. Seit dem 17. Jahrhundert war den Wirten aufgetragen, bei der Akkomodierung der Gäste niemals unaufmerksam zu sein, »damit denen höhern der beste Orth und Platz ohngehindert verbleiben, mithin dero *respect* erhalten, auch alle besorgliche *confusion* und Unwillen vermieden werden möge«. Landauf, landab haben die

Namen der Trinkstätten einen stark onomatopoetischen Zug. Von der Wirkung des Alkohols künden der *Lallinger Hof,* die *Torggelstuben* oder der *Krabblergarten*. Vielfach gilt der Wirt als der Vater der Gemeinde. Er überwacht die stammestypischen Trinkrituale. Zu den vom Aussterben bedrohten Trinksitten gehört die »Fernfahrermass«. Hierbei schüttet man dem Zechgenossen aus zwei bis drei Metern Entfernung einen Kubikdezimeter Bier ins Gesicht.

Der Bayer spricht nicht viel beim Trinken und schrammt *inter pocula* oft hart am Mutismus vorbei. Am liebsten redet er darüber, dass er großen Durst hatte, hat oder noch entwickeln wird. Die Qualität der ihm vorgesetzten Getränke erfasst er instinktiv und ohne darüber zu reflektieren. Die Frage Außenstehender nach dem Unterschied zwischen ober- und untergäriger Brauweise beantwortet er mit geheimnisvollem Schweigen oder einem gepresst hervorgestoßenem »Ja mei!« Die Grundeigenschaften einer Biersorte haben nicht mit dem Alkoholgehalt, sondern mit der Stammwürze zu tun. Die meisten Trinker wissen nicht, wie sich diese bemisst. Haben sie es je gewusst, vergessen sie's überm Trinken.

Das bayerische Bier hat rein zu sein. Der Gesetzgeber drückt sich da sehr klar aus: »Wir wöllen auch sonnderlichen / das füran allenthalbn in unsern Stettn / Märckten / unnd auf dem Lannde / zu keinem Pier / merer stuckh / dann allain Gersten / hopffen / und wasser / genommen und gepraucht sölle werden.« Dieses Gesetz ist die bayerische *Magna Charta.* Es stammt aus dem Jahre 1516 und ist das älteste in Kraft befindliche Lebensmittelgesetz. Es richtet sich gegen Bierverhunzer, die dem Sud Wurzeln und Kräuter, Blätter und Ruß und sogar Schweinedreck beigemischt hatten.

Trinken wird auch als Arbeit verstanden. Das Bier muss in einem ewigen Kreislauf herangeschafft und wieder beseitigt werden, und alle Stammesmitglieder sollen ihr Teil dazu beitragen. Getrunken wird nicht zuletzt deshalb, weil die Brauereien unausgesetzt leere Flaschen benötigen. Deshalb brechen Arm und Reich oft ganz unvermittelt in den Ruf aus »Jetz muaß a Rausch her!« (…)

Bier ist Kortison für die Seele. Es schützt das Nervensystem, wenn auch nicht den Leib, vor Gleichgewichtsschwankungen. Mit Bier lässt sich die gefürchtete Unterzuckerung des Blutes und die damit verbundene Minderung der Leistungsfähigkeit bekämpfen. Die Bitterstoffe des Hopfens beruhigen den Magen und beschleunigen die Entkaterung (nach dem Genuss von Bier). Vonseiten der Brauindustrie ist zu vernehmen, dass Bier nicht dick macht. Ein Liter Bier hat nämlich nur 450 Kalorien. Von diesen entfallen 200 auf den Alkohol, der vom Körper sofort verbrannt wird. Bier darf also zu den kalorienärmsten Getränken gerechnet werden. Umgekehrt kann man geltend machen, dass eine Flasche Bier nicht weniger als ein Sechstel des täglichen Kalorienbedarfs deckt. Wie man's nimmt: es passt. Der Bayer ist sehr darauf bedacht, dass die Dinge passen. Und wenn sie nicht passen, dann macht er sie passend. Eine interessante *line of reasoning* führt zu der Erkenntnis, dass Bier nicht müde macht. Wie anders ließen sich die lebhaften Gespräche an den Stammtischen erklären und die Rauflust nach gesteigertem Konsum.

Bier muss kalt serviert werden und kaltes Bier ist gesund. Die kolloidal gebundene Kohlensäure schützt die Magenwände vor Unterkühlung. Die Bäume in den Biergärten sind übrigens nicht wegen der Gäste gepflanzt worden, sondern damit die Sonne nicht in die Bierkeller scheint. Eine der schwersten Beleidigungen im Umgangssprachlichen ist »du bist schlimmer wia a warms Bier«.

Eine Einschränkung ist zu machen, wenn es um die gesundheitsfördernde Wirkung des Stammesgetränkes geht. Bier führt zu temporärer Taubheit, und so verhallt die Aufforderung an die Biertrinker, ihre Blasen nicht vor den Wirtshäusern zu entleeren, meist ungehört. (…)

Ein Fest gilt als eröffnet, wenn »angezapft« ist. Das Anzapfen besorgt der Gemeindevorsteher. Er ist der *principal feast-giver,* weil er die Verfügungsgewalt über den Holzhammer besitzt, mit dem angezapft wird. Alle Volksfeste sind seit 1977 gesetzlich geschützt, sie können nicht mehr verboten werden. Das gilt für die beiden »Plärrer« in Nürnberg und Augsburg ebenso wie für das gigantische Bierfest im niederbayerischen Karpfham, zu dem Fremde keinen Zutritt haben. Bei allen Volksfesten wird ein möglichst hoher Bierkonsum angestrebt. Dazu ist es nötig, die Raumblase in den Zelten zu minimieren, um den Effekt des Alkohols zu optimieren. Ein Fest wird dann als erfolgreich angesehen, wenn es viele Räusche gegeben hat, und als besonders lustig eingestuft, »wenn sich was rührte«. Konventionell betrachtet man das Einstechen des Messers bis zum Heft als Spaß, danach wird es ernst. Unausgesprochen sind die Bayern überzeugt davon, dass ihnen der Tod nichts anhaben kann, solange sie ihr Bier bekommen.

# Welches Bier dem Bayern schmeckt

FRANZ FREISLEDER: Triumphator-Walzerlied

Scho ois a Bua mit drei Jahr
war's mir im Bauch sonderbar,
wenn d' Muatta gsagt hat: »Trink Apfelsaft,
der is so gsund und macht so vui Kraft!«
I hab glei plärrt wia am Spieß,
bis s' endlich draufkumma is:
*Refrain:*
Nur Triumphator macht mich glücklich und zufrieden,
da Triumphator ist mein Lebenselixier!
Bei oam huift Wein, beim andern Schnaps, das ist verschieden.
Bei mir huift oans bloß, nämlich Triumphator-Bier!
Da Triumphator spült die Sorgen mir hinunter,
da Triumphator, der wirkt Wunder, wirkt ganz schnell!
Da Triumphator macht mich wieder munter,
durch Triumphator wern auch dunkle Stunden hell!
Da Triumphator macht mich immer wieder munter,
durch Triumphator wern auch dunkle Stunden hell!

Heit bin i längst a Genie:
Doktor der Bierologie,
riach bloß am Kruag und scho woaß i's gwiss,
ob des was taugt, ob 's a Plempl is.
Hab i aa no so an Durscht,
was i sauf, is ma ned wurscht:
*Refrain …*

Sitz i am Abend beim Bier,
beispuisweis heit abend hier,
und spuit die Musi, dass alles kracht,
dass mir as Herz glei im Leib drin lacht,
schrei i glatt hundertmoi »Prost!«,
bsonders, weil's heit ja nix kost' …
*Refrain …*

45

## Leopold Kammerer: Ozapft is!

Endlich, Leutl, is's so weit!
Auf gehts heut, zur Starkbierzeit!
Nix macht auf der Welt mehr Spaß
wiar a frische Märzen-Mass!

Hochbekömmlich is as Märzen
für de Gurgl, für de Herzen –
jedes Leid lasst se bezwinga,
wenn ma unsern Masskruag schwinga!

Desweng halts eich nimmer zruck!
Freuts eich jetzt auf Schluck um Schluck!
Saufts eich nei ins Paradies!
Auf gehts, Leutl,
ozapft is!

## Max Halbe: Plötzlich ein halbes Dutzend Starkbiersorten …

Dennoch konnte es nicht ausbleiben, dass auch die Stadt, deren berühmteste Kultstätte das Hofbräuhaus, deren himmelanstrebendes Wahrzeichen die beiden Masskrügel auf Unserer Lieben Frau Dom war, auf ihre Weise ebenfalls von all dem angesteckt wurde, was nun einmal in der Luft der Zeit lag. Gewiss! Man trieb keinen Wohnungsluxus, huldigte keinen gastronomischen Schwelgereien wie in Berlin. Die Straßen bewahrten nach wie vor ihre dreistöckigen Fronten, die Häuser ihre gemäßigten, nicht überladenen Fassaden, entarteten auch nicht zu Wolkenkratzern, diesen hemmungslosen Gebilden amerikanischer Elefantiasis. Die Menschen, die darin wohnten – dieses Gemisch von Alteingesessenen und Zugereisten – trugen auch ferner nach Vätersitte den Lodenmantel (Kleiderluxus war das Letzte, was man dem damaligen Münchner nachsagen konnte), aßen des Abends ihren Radi und tranken ihre Mass, pilgerten zur Weißwurst, zu Bock- und Salvatorpartien; begannen eben damals Rad (Veloziped) zu fahren und allerlei andern Sport, zumal den autochthonen des Bergkraxelns, zu treiben: kurz, sie hielten es in vielen Dingen noch so, wie es die Alten getan hatten.

Und doch nicht in allem. Eben um diese Zeit geschah es, dass alle Welt in Deutschland zu reisen begann. Und diese Passion – auch sie ein Ausdruck zunehmenden Wohlstandes und Wohlergehens – ergriff nun auch das sonst so fest wurzelnde Münchnertum und trieb selbst den eingefleischten Stammtischbesucher zur österlichen Baumblüte, zur herbstlichen Weinlese nach Bozen oder dem Gardasee. In prangender Sommerszeit wiederum griff man zum Rucksack und fuhr ins Salzburgische; »ins Tirol«, nach den Tauern oder Dolomiten, statt wie früher zur Villeggiatur am Starnberger See. (Einen Wintersport gab es ja noch nicht.) So wurden denn auch in München die Zeichen der Zeit immer deutlicher wahrnehmbar. Man konnte sich nun eben auch hier etwas leisten, brauchte nicht mehr so ängstlich auf den Groschen zu sehen, wie es noch Vater und Mutter getan hatten. Jedermann reiste ja doch. Reiste nach der Riviera, nach der Levante und nach dem Nordkap. Gab nicht der Kaiser selbst das Beispiel dafür, so angefochten er sonst auch war? Der Reisekaiser, so sagte man von ihm, aber man tat es ihm nach. Und erweiterte man denn nicht seine Kenntnisse, bereicherte seine Bildung (Bildung! Von je ein Schlagwort der Halbgebildeten!), wenn man in die Fremde, wenn man in das ahndevoll mit der Seele gesuchte Welschland fuhr?

Warum hätten die guten Münchner es den nun in Massen erscheinenden norddeutschen Brüdern nicht gleichtun sollen, die ja zudem noch eine Tagesreise weiter nach den Bergen, nach dem Süden hatten? Zwischen dem Palmsonntag und dem Weißen Sonntag konnte man in den nun kommenden Jahren seine Münchner Bekannten eher auf dem Bozner Waltherplatz als auf dem heimischen Odeonsplatz treffen. Und wenn dann abends die Scharen sich in der Torggelstube, im Batzenhäusl zusammenballten, so konnte, wer Glück hatte, an einem Nachbartisch Otto Erich Hartleben sitzen sehen, wie er grade bei der sechsten Flasche seiner lyrischen Muse Audienz gab. Ich habe ihm nicht ganz selten dabei Gesellschaft geleistet. O weinlaubbekränzter Schatten Otto Erichs! In welche Fernen entschwandest du? Und wie weit ist der Weg seit jenen Tagen der Jugend, der Freundschaft, der Begeisterung (nicht selten auch des Hasses) und des roten Magdaleners!

Ja, man hatte es jetzt auch in München dazu. Und wie der Volkscharakter es mit sich brachte, legte man, was übrig blieb, lieber in Flüssigem als in Festem an. Die Kultur der Küche – man steinige mich nicht! – ist wenigstens im älteren München nie sehr zu Hause gewesen. (Eine neue Zeit hat auch darin manches gewandelt.) Kundige sagen, dass Wein den Gaumen verfeinere, Bier ihn vergröbere. Sicher ist, dass man in Weinländern besser zu essen pflegt als in Bierländern. So wird es wohl seine Richtigkeit mit jenem Satz haben. Aber auch für ihn, wie überall, gelten Ausnahmen. Man wird im Gegensatz zu München Berlin schwerlich eine Weinstadt nennen können. Bier ist doch auch hier das Nationalgetränk. Und doch entstanden hier gerade in diesen Jahren jene bürgerlichen Schlemmerlokale, wie man sie wohl nennen darf, in denen auch der Gaumen des Kaufmanns, des Journalisten, des Amtsgerichtsrats, also des wohlhabenden und gehobenen Bürgers, für wenige Mark in den Finessen der Küche, in Austern, Kaviar, Krebsen und andern Delikatessen schwelgen konnte. Sie hatten sofort außerordentlichen Zulauf und mussten sonntags und an jüdischen Feiertagen wegen Überfüllung polizeilich gesperrt werden. In München haben sich solche Schlemmerlokale des Mittelstandes nie durchsetzen können. Ein paar Versuche, die im Lauf der Zeit gemacht wurden, gingen meist von Berliner Unternehmern aus und schlugen fehl. Man hielt sich hier streng innerhalb der Grenzen des überkommenen Geschmacks, kam nie sehr weit über den Kalbsnierenbraten, den Jungschweinsbraten, den Gansbraten hinaus, die bereits die Festtafel geziert hatten, als der Urgroßvater die Urgroßmutter nahm. Dafür erlebte das wohlhabend gewordene München der Neunzigerjahre einen Aufschwung der Bierkultur, der wiederum jenen Urgroßeltern wie ein schöner Märchentraum vorgekommen wäre. Jahrhundertelang hatte es in München nur ein einziges Salvator gegeben, den Labetrunk einer bevorrechtigten Brauerei, den man sich eine Woche lang zwischen Aschermittwoch und Ostern mit Ausdauer einverleibte, um seine durch die Entbehrungen der Fastenzeit dahinschwindenden Kräfte wieder etwas aufzufrischen. Plötzlich tauchten damals in der gesegneten Stadt ein halbes Dutzend ähnlich gehaltvoller Starkbiere auf, die natürlich die Kenner (und wer war es nicht?) zu vielen ernsthaften Proben und Vergleichen herausforderten und statt der bisherigen einen Woche alle sieben Wochen der Fastenzeit bekömmlich ausfüllten. Da der Ostertermin ja nie allzuweit vom Maianfang entfernt liegt, zu welchem Zeitpunkt nicht nur alle Knospen, sondern auch die Banzen des Hofbräuhausbocks aufspringen, so war dafür gesorgt, dass in der Münchner Stadt die Gemütlichkeit nie aufhörte, wie ich es schon zu Beginn meines ersten Münchner Semesters, zehn Jahre zuvor, im Platzl hatte singen hören.

48

Man tadle mich nicht, dass ich es den landläufigen Wochenplaudereien der Zeitungen nachzutun scheine, indem ich bei dem Kapitel München immer wieder auch auf das Thema vom Münchner Bier komme. Aber dies gehört nun einmal zur Atmosphäre der wunderlichen und wunderbaren Stadt, also zu dem, was jedem zuerst in die Augen fällt und wovon er, wollend oder nicht, so wenig loskommen kann wie etwa vom Wetter. Dies ist ja bekanntlich ein Lieblingsthema jeder Unterhaltung. Man schilt es banal und kommt doch immer wieder darauf zurück, was zu beweisen scheint, dass es eines der menschlichen Urprobleme ist, das nur die meisten sozusagen von der lächerlichen oder von der ärgerlichen Seite her, also auf eine rein persönliche Weise behandeln, ohne sich darüber Rechenschaft abzulegen, dass es auch eine sehr ernsthafte Wissenschaft der Meteorologie, der gelehrten Wetterkunde gibt.

Ich möchte den Vergleich hier nicht zu Tode hetzen, aber es kann kein Zweifel bestehen, dass es die wichtigsten Folgen für eine Stadt, einen Menschenschlag haben muss, wenn jahrhundertelang (seit dem endenden Mittelalter, bis dahin war München merkwürdigerweise eine Weinstadt) etwas in so hohem Maße Volksnahrungsmittel gewesen ist wie in München das Bier. Es ist gewiss nicht zu viel behauptet, wenn man sagt, nicht nur die gesellschaftliche und kulturelle, sondern auch die künstlerische und sogar die politische Entwicklung Münchens und Altbayerns wäre anders verlaufen als sie verlaufen ist, wäre nicht der Biergenuss gewesen und man wäre stattdessen etwa beim Wein geblieben. (Wozu in allermerkwürdigster Umkehrung noch zu sagen wäre, dass es im heutigen München unzählige Weinwirtschaften gibt, die alle leben und gedeihen, und demnach fast so etwas wie eine Rückläufigkeit zur Weinstadt sich bemerkbar zu machen scheint.) (…)

Jetzt sollte es seine Früchte tragen, dass dieses oft verlästerte »bierselige« München in lässigem Behagen jeden, der da war, nach seinem Gusto hatte leben und walten lassen, keinen Unterschied (wenigstens nicht im Hofbräuhaus) zwischen Reich und Arm, Vornehm und Gering, ja nicht einmal zwischen Minister und Droschkenkutscher machte: das Erstaunen aller von Norden Gekommenen und so manchem – den Erschlossenen unter ihnen – wie eine Befreiung vom Albdruck, vom Angsttraum kaum erträglichen Kastengeistes der Heimat. Was war es denn anderes, was alle diese jungen Leute, alle diese vom Dämon der Kunst Besessenen nach München trieb, als eben diese Atmosphäre der Ungezwungenheit, der gesellschaftlichen Freiheit und Lässigkeit, des unbefangenen Nebeneinander der Stände? So kamen sie. Kamen alle aus Nord und West und Ost. Kamen, weil sie mussten, weil sie es gar nicht anders kannten, als dass es eben nur München gebe, wenn man zur Kunst wolle, dies eine München und keine andere Stadt neben ihm. (…)

### Josef Steidle: Is so a Starkbier guat

Mei liaber Gott, is so a Starkbier guat.
Und wia des runterlaaft! Direkt ins Bluat.
A so a süffigs Trankerl, moan i halt,
müaßt 's aa im Himme gebn für Jung und Alt.
Doch wenns es net gibt, bloß a Manna
– und des aus ara Kaffeekanna –
und oan Stock drunter im Fegfeier
schenka s' oans aus – und gar net teier –
werd i, wenn's umigeht, glei dorthi strebn.
Koa Starkbier! 's waar im Himme doch koa Lebn.
I hoff, dass des an Petrus net verletzt
und er mi desweng net in d' Höll versetzt.

Weil i halt gar net woaß, wia's drübn werd,
denk i mir, es is ganz gwiss net verkehrt,
wenn i mir jeden Tag a frische Mass
herübn von unserem Starkbier schmecka lass.

### Christian Springer: Das Starkbier
Fonsis Bayerische Wahrheiten 1

Weils immer heißt: das Starkbier heißt Starkbier, weil es so stark ist. Schmarren. Das Starkbier besteht zu 90 Prozent aus Wasser. Wie der Mensch. Manchmal hat der Mensch in seinen 90 Prozent Wasser sogar mehr Alkohol drin wie das Starkbier. Aber wissen Sie, was das Wichtigste beim Bier ist, damit es überhaupt ein Bier wird? Die Hefe! Und wissen Sie, was das ist: Hefe? Kleine Viecher. Kleine, unappetitliche Viecher. Das ist die Wahrheit.

50

Wer ein Bier trinkt, isst gleichzeitig kleine Viecher. Also müsste man eigentlich nicht »Prost!« sagen, sondern »Guten Appetit«. Oder »Mahlzeit«. Und auf der Speisekarte sollte das Bier nicht bei den Getränken stehen, sondern zwischen Lüngerl, Ochsenschwanz und Beilagenänderung. Aber für die Wahrheit interessiert sich ja keiner.

### FRANZ FREISLEDER: Viecherei im Mai

Am Mai, dem Gaudiburschn,
sing i a Lobliad heit.
Der hat für jedes Alter
a Viecherei bereit.

Für kloane Buam san 's Käfer,
drobn am Kastanienbaam.
Da hundert Stück dawischn,
des waar da scheenste Draam!

Die großn Buam jagn Hasn.
Des macht dann erscht an Gspass!
Flieder und Veigerl duften,
es schmeckt koa Radi rass!

Is dann de oidn Knabn
's Hemd näher ois a Rock,
schmeckt doch im Mai oiwei no
die frische Mass – da Bock!

### FRANZ FREISLEDER: Maibock-Geschichte(n)
#### Wissenswertes über das älteste und berühmteste Starkbier der Welt

»Was waars mit dem Mai, / mit seim bleamelten Rock, / wenn er Bleamerl bloß bringat / und bringat koan Bock!« So fragt Franz von Kobell, der Vater der bayerischen Dialektdichtung – rein rhetorisch natürlich – schon 1850 in einer Gstanzlserie. Und immer dann, wenn ein Mai kein Bockbier gebracht hat, waren die Zeiten ja auch besonders traurig. Die Gedanken daran wollen wir aber jetzt ganz schnell mit einer imaginären Mass »owischwoabn«. Das folgende kleine Seminar soll schließlich nicht allzu bierernst werden.

Was die Herkunft des Namens betrifft, so könnte uns ein anderer Kobell'scher Gstanzlvers ebenso in die Irre führen wie manches Werbeplakat und mancher Reklamebrauch aus dem 19. Jahrhundert. Ein Werbespruch ging beispielsweise so: »Der Bock is mein Spezi, / mir kennen uns lang; / es macht mir, versteht si, / sein Stessen nicht bang.« Mit einem stoßenden Reh- oder Geißbock hatte der Maibock jedoch ursprünglich gar nichts zu tun. Keinerlei Belege finden sich auch dafür, dass – wie manche vermuten – eine Verbindung zum heidnischen Erntegott in Bocksgestalt bestehen könnte, dem zu Ehren man bei den alten Germanen ein besonders starkes Gebräu produziert haben soll.

### Ein Werbeslogan von Martin Luther

Mit den Germanen liegt man allerdings gar nicht so falsch. Denn erfunden wurde – wenn auch erst im Mittelalter – der Maibock, der als ältestes Starkbier überhaupt gilt, nicht etwa bei uns in Bayern, sondern im niedersächsischen Einbeck. Mit dem Stadtrecht, das dem Ort anno 1240 die Söhne Heinrichs des Löwen erteilten, war auch ein Braurecht für die Bürger verbunden. Sie mälzten selber und trockneten den Hopfen auf ihren Dachböden. Die entsprechenden Lüftungsöffnungen sind noch heute dort an den alten Fachwerkbauten zu sehen. Auch die scheunentorgroßen Türen an vielen Einbecker Häusern haben mit diesem Braurecht zu tun: Damit nicht jeder Bürger einen eigenen Braukessel besitzen musste, hat es einen einzigen öffentlichen gegeben, der von Brauer zu Brauer weitergereicht wurde. Das Gerät ließ sich aber nicht durch eine normale Haustür zwängen. Der Wander-Braukessel ist im Prinzip auch für den Namen Maibock zuständig, denn der 1. Mai kennzeichnete das Ende der Brausaison. Im Rahmen eines Bierfests wurde an dem Tag durch ein Losverfahren bestimmt, in welcher Reihenfolge man den Kessel in der kommenden Saison an die Brauer vergab. Rund siebenhundert solcher Bürger-Braustätten hat es um 1600 in Einbeck gegeben. Die älteste Rechnung über den Verkauf von Einbecker Bier – in diesem Fall an den Herzoghof von Celle – stammt bereits aus dem Jahr 1378. Am 17. April 1521, so wird berichtet, sei sogar Martin Luther auf dem Reichstag zu Worms, angeregt durch einen Krug »Einbecker«, den ihm Herzog Erich habe kredenzen lassen, spontan zu dem Werbeslogan animiert worden: »Der beste Trank, den einer kennt, / der wird Einbecker Bier genennt.«

Weil der Bierimport so teuer war …

In der Tat: Schon seit dem Ende des 14. Jahrhunderts war Bier aus Einbeck »das« höfische Getränk schlechthin, und die Liefergespanne sind regelmäßig nach Bremen, Amsterdam, Hamburg und Reval unterwegs gewesen – seit 1555 auch nach München, wo damals Albrecht V. herrschte. Wir verdanken diesem Renaissancefürsten unter anderem das Antiquarium in der Residenz, das Engagement der Hofmaler Peter Candid und Hans Mielich, des Komponisten Orlando di Lasso und des Verfassers der ersten bayerischen Geschichte, Aventinus. Seinem Sohn, Wilhelm V. – genannt der Fromme und seit 1568 mit Renata von Lothringen verheiratet – richtete er die spektakulärste Hochzeit aus, die München je zu sehen bekam. Drei Wochen lang hat sie gedauert. Man kann sich vorstellen, wie viel Einbecker Bier auch aus diesem Anlass geflossen ist. Eine teuere Angelegenheit allerdings, denn die Frachtkosten verdreifachten den Einkaufspreis, bis die Ware in München angelangt war. Ein Spottgedicht aus jenen Jahren frotzelte:

»Es war ein Herzog in Bayern,
der dürstete gar sehr,
der hatte auch viele Diener,
die dürsteten noch mehr.«

Das Missverhältnis zwischen der Finanzkraft der Staatskasse und dem Bierdurst des herzoglichen Hofes ist denn auch die Ursache dafür, dass anno 1573 auf der Landshuter Burg Trausnitz das erste bayerische Hofbräuhaus gegründet wird. 1589 verlegt man es nach München. Und von 1590 an wird hier auch Starkbier nach Einbecker Vorbild gebraut – das allerdings ein ziemlicher Plempel gewesen sein muss, denn die herzogliche Familie selber hält es nach wie vor mit dem Gerstensaft aus Niedersachsen.

Wie das Ainpöckische zum Bock wurde

Erst 1612, unter der Regentschaft des späteren ersten bayerischen Kurfürsten Maximilian, erübrigt sich dann auch für den anspruchsvollen Hof jegliche teuere Einfuhr. Denn es gelingt, den Einbecker Hofbraumeister Elias Pichler für München abzuwerben, wo von nun an »Ainpeckisch Pier« auch als bayerisches Spitzenprodukt hergestellt wird. Bedingt durch die hiesige Mundart wandelt sich im Lauf der folgenden Jahre allerdings der Produktname sinnverändernd (ein Schicksal, das ja auch unserem Fleischpfannzel, das sich eigentlich von der Pfanne ableitet, beschieden war, als es zum Fleischpflanzl geworden ist). Das »Ainpeckische« wird zum »Ainpöckischen« oder »Ainpockischen« Bier, dieses wiederum über den »Pock« zum »Bock« und schließlich – wegen der alljährlichen Ausschankzeit – zum Maibock. Auf Hofbräuhaus-Rechnungen liest man den Begriff »Ainpöckisch Bier« zwar noch bis 1882; der Volksmund aber eilt dem Amtsbayerischen um viele Jahrzehnte voraus. Sogar die Einbecker selber nennen ihre starken Gebräue inzwischen längst Bockbier. Und man gesteht uns Bayern dort immerhin zu, wenn auch nicht die Rezeptur dazu, so doch den Namen dafür erfunden zu haben, der ja zu einem internationalen Begriff geworden ist.

Das Brauen des dunklen Maibocks mit seinen 18 Prozent Stamm-würze – bis 1896 am Platzl, dann an der Inneren Wiener Straße und seit 1989 in Riem – war lange Zeit, ebenso wie der Ausschank, dem herzoglichen, beziehungsweise königlichen Hofbräuhaus vorbehalten. Ursprünglich begann der Festausschank bereits am Fronleichnams-tag, nach der Prozession, in einem Wagenstadl des Alten Hofs. Später verlegte man ihn in den Gärkeller des Hofbräuhauses, heute Lederer-erstraße 28, in den später das Zerwirkgewölbe Einzug hielt. 1831 wechselt man über den Pfisterbach hinüber in die Alte Münze, wo sich heute das Platzl-Hotel ausbreitet. Unter der Bezeichnung »Bockstall« wird dieses Lokal, das die Kunstmaler Neureuther, Menter und Petzl ausschmücken, zum Inbegriff Münchner Kellerlebens Mitte des 19. Jahrhunderts. Der beliebte Hofbräuhaus-Kapellmeister Sulzböck dirigiert dort seinen »Bockwalzer«. Man verkauft Illustrationen, auf denen der Maibock als Geißbock erscheint und Bockzeitungen mit entsprechenden Witzen. Der bei den Oktoberfestrennen siegggewohnte Lohnkutscher Xaver Krenkl organisiert »Radiweiber-Rennerts«.

Nicht nur den in diesem Zusammenhang bereits zitierten Vater der bayerischen Dialektdichtung, Franz von Kobell, lässt der Mai-bock zur Feder greifen. Auch der spätere Nobelpreisträger Paul Heyse widmet ihm 1854 geradezu eine Hymne, ganz in dem pathetischen Stil, den manche Nordlichter so gern pflegen (und über den man im

Süden so gern schmunzelt). Sie beginnt: »Sei mir gegrüßt, du Held im Schaumgelock, / streitbarer Männer Sieger, edler Bock …« Und sie endet mit einem Bekenntnis, demzufolge der Dichterfürst aus Berlin offenbar mit dem hiesigen Bier besser zu Rande gekommen ist als mit den Münchnern selber. Schreibt er doch: »So rasche Wurzeln hier geschlagen hätt' ich / nie ohne dich und deinen Freund, den Rettich.«

Friedrich Hebbel hatte schon 1838 für das »Stuttgarter Morgenblatt« eine Reportage über seine Münchner Maibock-Impressionen geschrieben, in der es unter anderem heißt: »Mit dem 1. Mai ist alter Sitte gemäß der Münchner Bockkeller wieder geöffnet. Es ist ein altes, häßliches Gewölbe, geschmückt mit Tannenzweigen. In diesem Keller wird das Bier der Biere, der Bock, volle sechs Wochen hindurch geschenkt. Besonders abends verlohnt sich ein Gang in den Bockkeller der Mühe. Er ist auf angemessene Weise, das heißt, sparsam und simpel, erleuchtet. Die Gesellschaft ist aus allen Ingredienzien zusammengesetzt und so zahlreich, dass der Einzelne Mühe hat, zur Befriedigung seiner Bedürfnisse zu gelangen. Niemand ist bürgerlich oder intellektuell so hochgestellt, dass er sich nicht gerne ein halbes Stündchen in den tollen Wirbel mischte. Diese heitere Verschlingung aller Stände zu einem Ganzen zeichnet München vor so manch anderen deutschen Städten vorteilhaft aus. Der Bock wird nicht in gewöhnlichen, sondern in wohlgeformten, pokalähnlichen Gläsern ausgeschenkt. Ein Hauptspaß soll dabei für die geringeren Volksklassen sein, von diesen Gläsern die geleerten unbemerkt als Trophäe einzustecken.« Naja – *dem* Spaß huldigen inzwischen längst auch Vertreter *anderer* Volksklassen.

Aber noch einmal kurz zurück in die ältere Vergangenheit: Bereits 1818 hatte Bayernkönig Max I. Joseph das Bock-Privileg des Hofbräuhauses zugunsten der anderen Brauer gelockert – womit auch der Weg für die späteren starken -ator-Biere geebnet war. Schankgenehmigungen waren in Ausnahmefällen sogar schon seit dem Ende des 17. Jahrhunderts ausgestellt worden. Für die Famile des Braumeisters Steindl etwa, deren Bierkeller sich bis 1874 am Schrannenplatz, dem heutigen Marienplatz, befand, oder für den Bockschaffler im Tal, der dem Hofbräuhaus die Fässer geliefert hat. Einem seiner Nachfolger ist die Lizenz allerdings wieder entzogen worden, weil er seine Bockbierfassl zu nah an die Wasserleitung gestellt hat. Der »Bockstall« wurde 1873 abgerissen. Seitdem pilgern die Münchner zum Maibock-Festausschank ins Hofbräuhaus am Platzl.

## Was Politiker beim Maibock schlucken müssen

In den Jahren nach dem Zweiten Weltkrieg entwickelte sich in München eine neue Art, den Anstich der Frühjahrs-Starkbiere festlich zu gestalten. Im Gegensatz zum Salvatoranstich auf dem Nockherberg, wo man traditionell das Politikerderblecken pflegt, war die Maibockprobe, die meistens in der letzten Aprilwoche stattfindet, über Jahre schon eher ein staatstragendes Ereignis. Man sprach in dem Zusammenhang auch gern vom »Beamtenfeiertag«, weil dort die Herren aus dem zuständigen Finanzministerium, die jeweils einen Löwenanteil der rund zweitausend Gäste ausmachen, sich immer schon um die Mittagszeit zum Anstich einfanden. Um Lästermäulern den Wind aus den Segeln zu nehmen, hat man den Beginn der Veranstaltung inzwischen auf den Dienstschluss, also auf 17 Uhr, verlegt.

Hartschiere, die im Treppenhaus Spalier stehen, um an den Wittelsbacher Ursprung der Staatsbrauerei zu erinnern; ein Geißbock, der sich durstig auf einen Riesenhumpen mit Maibock stürzt, als hätte er drei Tage lang nichts als einen Salzleckstein gekriegt; die sogenannte Hosenprobe, bei der sich ein paar kräftige Burschen in der Ledernen auf eine maibockgetränkte Bank setzen und so fest pappen bleiben, dass sie sich mit ihr erheben können; dazu eine Ansprache des Finanzministers – das waren in den Nachkriegsjahren die harmlosen Rituale beim Maibockanstich. Bis ein in der Szene nicht sehr bewanderter Ministerialbeamter auf Empfehlung seines Sohnes 1981 die Biermösl Blosn engagierte. Die hat gleich losgelegt: Mit »Gott mit dir, du Land der BayWa ...« Und noch schlimmer – in Anspielung auf eine spektakuläre Massenverhaftung von Nürnberger Hausbesetzern – mit einem Spottlied, das den damaligen Innenminister Tandler und seinen Kabinettskollegen, Justizminister Hillermaier, glatt zum Rücktritt aufforderte. Der Refrain:

> Wer zerscht zuaschlogt und dann erscht frogt,
> der duad gar nia koan Guat,
> und drum, es zwoa Minista,
> saufts aus und nehmts eian Huat!

Der Tandler war damals nicht anwesend. Aber der Hillermaier schon. Der ist daraufhin wirklich spontan gegangen. Wenn auch bloß zorneswutig aus dem Hofbräuhaus. Und den Well-Brüdern hat man bei ihren weiteren Strophen vorsichtshalber gleich einmal das Mikrofon abgeschaltet.

Danach kamen bei den Maibockproben jahrelang nur mehr die Hartschiere und »unverdächtige« Humoristen zum Zug. Aus Tierschutzgründen steht auch längst kein Geißbock mehr auf der Bühne. Obwohl kein Tierschutzverein dagegen protestierte, wurde die Hosenprobe ebenfalls aus dem Programm genommen. Dafür konnte man etwa ein Wett-Anzapfen der Hofbräuhauswirte aus aller Welt erleben, wobei – so geschehen 1989 – die Hofbräuhauswirtin von Tokio, Yasuko Aso, mit 58 Schlägen einen Negativrekord aufstellte.

Das Politikerderblecken besorgen die jeweiligen Herren Finanzminister inzwischen vorsichtshalber gleich selber. Kurt Faltlhauser fing mit einem erfundenen Zwiegespräch zwischen ihm und Edmund Stoiber an. Derzeit ist es Markus Söder, der sich – wie jüngst gehabt – kein Blatt vor den Mund nimmt, wenn es darum geht, seinen Regierungschef Horst Seehofer eins hinzureiben. Empfindlichkeiten wie früher können sich die bei derlei Veranstaltungen stets von Fernsehkameras unter die Lupe genommenen Politiker heute ohnehin gar nicht mehr leisten. Auch wenn die Witze noch so sehr auf ihre Kosten gehen, versuchen sie, möglichst telegen zu lächeln, versteigen sich dann beim unvermeidlichen Interview gar zu einem gequälten Lob.

Deshalb hat es das Staatliche Hofbräuhaus auch für überfällig gehalten, »derbleckenmäßig« nicht mehr hinter der Salvatorprobe auf dem Nockherberg zurückzustehen. Und lässt seit ein paar Jahren wieder zusätzlich zur Ministerrede – einen Kabarettisten auf die Politiker los. Wahrscheinlich hätte man dort jetzt sogar keine Scheu mehr, die Biermösl Blosn wieder zu engagieren. Doch in Gestalt dieser so beliebten wie gefürchteten Polit-Gstanzl-Gruppe sind die Well-Brüder inzwischen ja leider selber zurückgetreten.

… und Heilmittel gegen Zeitkrankheiten

Zum Schluss meines Kapitels über den Maibock möchte ich keinesfalls versäumen, auch noch auf dessen Wirkung als brandaktuelles Heilmittel gegen Zeitkrankheiten wie Burn-out oder Midlife-Crisis hinzuweisen. Wehwehchen, die man zwar in früheren Zeiten bestimmt auch schon gekannt, aber halt nur nicht so interessant benannt hat:

Bist du aa grad a Midlife-Criser?
Lebst fast bloß no vo Tranquilizer?
Du woaßt as scho: vo so Tabletten,
wo's hoaßt, sie dean vorm Durchdrahn rettn;
wo dir, ob's Angst, ob's Lebensdurscht is,
a Zeit lang künstlich ois ganz wurscht is?

Mechst aa auf ferne Inseln flüchten?
Dort nix doa ois Banana züchtn?
Kaffst aa für d' Glatzn a Toupee?
Nimmst, wennst was vor hast, a Dragee?
Duast aa in soiche Heftln bladln
und buidst da ei, de junga Madln,
die stenga – dass i ned glei grins –
auf di, anstatt bloß auf dein Flins?

Sei gscheid, verzicht auf so a Braut!
Iss a Paar Schweinswürschtl mit Kraut!
Gib auf den Traum vom Casanova!
Trink a Mass Maibock und schwoabs owa!

Nach diesem Therapievorschlag für die älteren Jahrgänge sei aber auch unserer Nachwuchsgeneration noch eine Empfehlung mit auf den Weg gegeben. Die ist sogar noch kürzer als der Luther-Zweizeiler vom Einbecker Bier und lautet ganz schlicht: Lieber Maibock als Null Bock!

FRANZ VON KOBELL: Bockbier-Gstanzl

Der Bock is a Dichter,
Wia ma gar koan so hamm,
Schau! Veigerln und Radi
All's reimt er eahm zamm.

Und der Bock is a Maler,
Da halt i was drauf,
Wia alt aar a Kopf is,
Er frischt 'n no auf.

58

Und der Bock is mei Spezi,
Mir kenna uns lang,
Und macht ma, versteht si',
Sei Stößn net bang.

Und der Bock is a Rössl,
Gar scharf in sein Lauf,
Und wirft's mi heunt o',
Sitz i morgn wieder auf.

Und der Mai is a Pfarrer,
Der Bock a Kaplan,
Und wann die zwoa predinga,
Freut sie all's dran.

Und der Mai is a Vater,
Der Bock is sei Bua,
Hätt er mehra so Kinder,
Wia gang's nacha zua!

Und a Bock ohni Mai,
Es is dengerscht a Freud,
Aber a Mai ohni Bock,
Bua! Da sag i, waar's g'feit.

Mi'n Bock a weng raffa,
Desselbi nimm g'ring,
Wirfst du eahm, wirf er di,
Es is ja oa Ding!

## Helmut Seitz: Der echte Münchner und sein Bier

Im Gegensatz zu manchen anderen Münchner Spezialitäten, denen
der Zugereiste oft skeptisch gegenübersteht und mit denen er sich
manchmal (wie beispielsweise mit dem echten Münchner Kartof-
felsalat) auch nach vielen Jahren noch nicht anzufreunden vermag,
erfreut sich das Münchner Bier fast bei jedermann auf Anhieb eines
ziemlichen Wohlwollens. Auf diesem Gebiet fällt es den meisten Leu-

ten leicht, recht schnell ein E. M. (ein »Echter Münchner«) zu werden und auswärtige Biere wie etwa Dortmunder, Kölsch, Düssel-Alt u. ä. rasch zu vergessen.

Desto hartnäckiger pflegen sich jedoch gewisse Unsitten zu halten, die man sich als E. M. einfach nicht leisten kann und die deshalb hier im Einzelnen besprochen werden müssen.

a) Selbst noch nach Jahren des Hierseins können es manche ehemalige Zugereiste aus alter Gewohnheit einfach nicht lassen, sich zu jedem Bier automatisch einen Klaren zu bestellen. Das würde einem E. M. jedoch niemals einfallen. Nicht dass er prinzipiell etwas gegen harte Schnäpse hätte – nein: Sofern ihm der Zustand seiner Leber und seine sonstige gesundheitliche Verfassung dies gestatten, trinkt er sie ebenfalls recht gern. Aber er trinkt sie solo und keinesfalls als Beilage zum Bier, denn es wäre ihm unvorstellbar, sich den Biergeschmack durch ein starkes Fremdaroma wie etwa Wacholder oder Korn beeinträchtigen zu lassen.

b) Viele Zugereiste versäumen es immer wieder, sich vor jedem Schluck aus dem Bierglas sorgfältig den Mund abzuwischen, falls man vorher etwas auch nur im mindesten Fettiges gegessen hat. Genau das jedoch tut der E. M. immer und fast schon instinktiv, und in Ermangelung einer Serviette tut er es sogar mit dem bloßen Handrücken. Und er macht dies nicht etwa nur aus Tradition, sondern aus einem sehr praktischen Grund: Er will halt mit solchen Vorsichtsmaßnahmen verhindern, dass durch eine noch so geringe Spur Fett der Foam (= Schaum, Blume) zusammenfallen könnte. Aus dem gleichen Grund wird er es niemals (auch nicht im Stadium hochgradiger Verliebtheit) einer Dame – sofern sie Lippenstift verwendet – gestatten, einen Schluck aus seinem Bierglas zu nehmen.

Wer hier großzügiger und sorgloser verfährt, darf sich nicht wundern, wenn er in den Verdacht gerät, kein E. M. zu sein.

c) Die Behauptung, wonach der E. M. unter anderem daran zu erkennen sei, dass beim Bierkonsum die Mass für ihn die Untergrenze darstelle, muss als maßlos übertrieben bezeichnet werden, wenngleich sie vielleicht in früheren Zeiten einmal zutreffend gewesen sein mag. Heutzutage kann man sich auch als E. M. durchaus mit einer Halben begnügen, ja sogar ein Quartl würde dem Renommee kaum Abbruch tun. Und ebenso die 0,33-Liter-Flasche (oft »Preußenhalbe« genannt). Selbst bei so kleinen Quantitäten würde sich jedoch der E. M. niemals dazu hinreißen lassen, von einem Bierchen zu sprechen, wobei

Zugereiste immer wieder ertappt werden. Wer hier zu einer Bedienung sagt: »Fräulein, bringen Sie mir noch ein Bierchen!«, beweist allein durch dieses eine Wort, wie weit er noch davon entfernt ist, ein E. M. zu sein. Wobei die Sache keineswegs dadurch besser würde, wenn man statt des Schriftdeutschen das bayerische Diminutiv verwenden und von einem »Biererl« sprechen wollte.

*Merke:*

Dem E. M. ist sein Bier eine viel zu bierernste Angelegenheit, als dass er es jemals durch die läppische Verkleinerungsform in seiner Bedeutung herabmindern könnte.

d) Bis zu einem gewissen Grad verdächtig muss es bereits erscheinen, wenn man überhaupt nur ganz pauschal ein Bier verlangt. Den E. M. erkennt man nämlich unter anderem auch daran, dass er seine Bestellung fast immer zu spezifizieren pflegt, da es ihm durchaus nicht wurscht ist, ob man ihm ein gewöhnliches Helles oder aber ein Märzen oder ein Export hinstellt.

In diesem Zusammenhang werden viele Zugereiste die Erfahrung machen, dass man – ähnlich wie beim Brotkleingebäck – auch beim Bier als E. M. wesentlich mehr Sorten kennen und unterscheiden können muss, als man dies bislang vielleicht gewohnt war. Zum unerlässlichen Mindestrepertoire jedes E. M. gehören die folgenden Biere:

1) Helles
2) Dunkles
3) Märzen
4) Export hell
5) Export dunkel
6) Weizenbier
7) Weißbier
8) Bock
9) Maibock
10) Wiesn-Märzen
11) Frühjahrsstarkbiere (meist auf -ator endend)
12) Pils

Jede dieser Sorten sollte man mindestens einmal probiert haben. Man kann sich allerdings auch ohne einen ausgiebigen Test gleich auf eines dieser Biere festlegen. Wichtig ist ja nur, zu wissen und zu beachten, dass für den E. M. Bier nicht gleich Bier ist – ebenso wie auch ein Weintrinker nicht einfach »Wein« bestellt, sondern immer ein ganz spezielles Wachstum.

# Z' Loibersdarf, z' Loibersdarf
## (Liedtext)

Hot net dös Bier an schön Foam,
vor Mitternacht gehn ma net hoam;
vor Mitternacht gehn ma net weg,
weil uns 's braun Bier a so,
z' Loibersdarf, z' Loibersdarf
gor a so schmeckt;
*Refrain:*
|:Tralala gluck, gluck, gluck,
weil uns 's braun Bier a so,
z' Loibersdarf, z' Loibersdarf
gor a so schmeckt. :|

Hot net da Bäck a schöns Brot,
mit ra fünf a sechs Deandl koa Not,
um Mitternacht hot as vosteckt,
weil uns 's braun Bier a so,
z' Loibersdarf, z' Loibersdarf
gor a so schmeckt;
*Refrain …*

Nimmt hoit da Wirt scho sei Kreim,
weil mir so lang z' Loibersdarf bleim,
dös wischt ma na 's nächstemoi weg,
weil uns 's braun Bier a so,
z' Loibersdarf, z' Loibersdarf
gor a so schmeckt.
*Refrain …*

Jiatzt warn unsre Weiba fuchswild,
dö Manna vosaufa 's ganze Geld;
beim Martarl sel hams uns daschreckt,
dass uns 's braun Bier jetza
z' Loibersdarf, z' Loibersdarf
nimma recht schmeckt.
*Refrain …*

## HYAZINTH WÄCKERLE: Zum Abschied vom alta Bier

Es nutzt mi' nix, die helle Zähr
Die poppelet nu so runter,
I glaub, i werd a Vierteljahr
Von jetzt a nimmer munter.
O du alts Bier!
I stirb ja schier,
Denn 's Nui macht Auga wie a Stier.

Beim letzta Glas, da denkt ma' z'ruck
Und ka's so überschlaga,
Wie oft ma' so a Spitzle hat
Im Sommer hoimwärts traga.
Wast ist's dernauch?
Jetzt ist's wie Rauch,
Dös Nui macht bloß en dicka Bauch.

Jetzt merkt ma', was 's ums Bierle ist,
Wenn ma' schier gar verkranket,
Im Sommer hat ma's it so g'schätzt
Und hätt oft lieber zanket.
Beim nuia Guss,
O harter Schluss!
Kommt 's Schnäpsle und a Muskatnuss.

Jetzt nimm i halt de letzta Schluck,
Es lasst si it vermeida,
Und denk mir, unser Herrgott hat
Au recht viel müessa leida.
Doch freut's mi heut
Scho' auf die Zeit,
Wo's me a Sommerbierle geit.

Leopold Kammerer: Was im Fassl drin is

Unser Leben is a Fassl –
Pech is drin
und manches Massl,
Kreuzverdruss und Hochgenuss,
oiß is drin
und nix am Schluss,
denn,
obs leicht fallt oder schwer is,
jeder trinkt,
bis's aus und leer is!«


Gerhard Sterr: Die Weißbier-Lilli
(Liedtext)

Mei Schatz is schüchtern und schenant
doch in der ganzen Stadt bekannt
geh' ich am Abend mit ihr fort
so ist ihr allererstes Wort
»i mecht a Weißbier, aber schnell
sonst verdurst i auf der Stell«
ihr  Durst ist riesengroß
wos mach i denn do bloß
*Refrain:*
hoppa, hoppa, hoppala
hoppa, hoppa, hoppala
hoppa, hoppa, hoppala
hoppa, hoppala.

Mei Schatz des is die Weißbier-Lilli
und sauffa duats koan Tropfa Milli
ihr schmeckt des Weißbier hoit so guat
bloß bei da Liab tuat des koa Guat.
Mei Schatz des is die Weißbier-Lilli
und 's ganze Joahr hoat s' drei Promille

wenn i a Bussal wui mit recht vui Gfui
rollt s' mit de Augn recht deppert
und dann scheppert's
*Refrain …*

Sie braucht koa Pille mei Weißbier-Lilli
ihr letzter Wille san die Promille
und schaugst in Ausschnitt von ihra Blusn
dann siegst an Riesen-Weißbier-Busn
und im Bed an meina Seitn
schweift ihr Sinn schon in die Weitn
a Weißbier will sie hom
was soi i do bloß song
*Refrain …*

Ja mei in olla Herrgottsfruah
da liegt s' im Bed und gibt koa Ruah
und auf den Zehen schleicht sie sich
in unsre Küchn ohne Licht
auf oamoi kummt der erste Schluck
leise hör ich gluck, gluck, gluck
des Weißbier is ihr Glick
i mach boid nimma mit
*Refrain …*

Und olle Wocha da kimmt a Kistn
voll mit Zitrona gschickt vom Großistn
und in der Küchn schneidt s' klipp-klapp
sich dann die Scheibn fürs Weißbier ab
und jede Scheibn a hoibe Weiß
ja des macht die Liebe heiß
ihr segts des is a Gfrett
i leg mi jetzt ins Bett.
*Refrain …*

## Hardy Scharf: Weiß-Bier-Rap

Sokrates wusste, dass er gar nichts weiß,
für diese Erkenntnis bekam er keinen Preis,
er schied aus dem Leben, wie ein jeder weiß,
verzagt und verklagt, unheimlich still und leis.

Kyrie laut und Kyrie leis,
Sokrates, ach, du armer Greis!

Heut ist man klüger, wie fast ein jeder weiß,
jeder Bayer weiß es und jeder zweite Preiß:
Weißbier gibt es für den großen Wissensdurst,
und für den Wissenshunger gibt es die Weißwurst.

Kyrie laut und Kyrie leis,
Weißbier, dir sei Lob und Preis!

Schon junge Bayern streben nach hohem Wissensruhm,
sie trinken täglich Weißbier, sie lieben den Konsum,
das hat sie in der Pisa-Studie vorgebracht,
jetzt weiß man endlich, warum die Mona Lisa lacht.

Kyrie laut und Kyrie leis,
Weißbier, dir sei Lob und Preis!

Weißbier gibt es für den großen Wissensdurst
Und für den Wissenshunger gibt es die Weißwurst,
Sokrates, prost, ich weiß, dass ich viel weiß:
Wer Weißbier trinkt, der lebt bestimmt schon im Paradeis.

Kyrie laut und Kyrie leis,
Wer Weißbier trinkt, der lebt bestimmt schon im Paradeis!

# Wo man in Bayern sein Bier trinkt

KARL SPENGLER: Wo man für die Mass Bier mit einem
»Vergelt's Gott« zahlte

Mit einer Empfehlung in der Tasche von einem guten Freunde, der
ihn an den Pater Eusebius im Franziskanerkloster am Lehel gewiesen
hatte, machte sich August Lewald an einem Oktobertag des Jahres
1833 auf den Weg ins Lehel hinunter, ein Schriftsteller, Dramaturg
des einstigen Isartortheaters, kurz ein Weltkind inmitten des noch
ganz bäuerlich gestimmten Münchens, das die journalistische Neugier
antrieb, hinter Klostermauern zu spähen, um darüber zu berichten.
Jener Pater Eusebius aber schien ihm für sein Kundschafteramt in
besonderer Weise geeignet, denn es war noch nicht gar lange her,
dass der junge Ordensmann das Kleid des heiligen Franz genommen
hatte. Beschäftigt mit dem pikanten Gedanken an die tanzlustigen
und zechfreudigen Tage des Paters vor seinem Eintritt in den Orden,
betrat Lewald das alte Gebäude und bemerkte als erstes »in einigen
regelmäßigen Mauervertiefungen hölzerne Bänke und kleine Tische,
worauf stattliche Krüge standen«, die er sofort als jene landesüblichen
Gefäße erkannte, woraus man »das allgemein bekannte und beliebte,
aus Gerste und Hopfen bereitete Getränk zu trinken pflegt«.
   Abgesehen von den schlechten Gemälden an den weißgetünchten
Wänden und der großen Reinlichkeit in allen Ecken des anschlie-
ßenden Ganges, gibt ihm wiederum das Bier Gelegenheit zu einer
weiteren Bemerkung. Ein älterer Mönch kommt ihm entgegen, einen
leeren Krug in der Hand, vor einem kleinen Schenkfenster bleibt
er stehen und läutet an dem Klingelzug. Ein lustig blickender Kopf
erscheint am Fenster, eine Hand ergreift den Krug, verschwindet
und reicht ihn schäumend gefüllt dem Wartenden, der sogleich daran
nippt, um im Gehen keinen Tropfen des köstlichen Nasses zu ver-
schütten.
   Dieses Klosterbier der Franziskaner gehörte in der Tat zu den
unwägbaren Werten unserer Stadt; es war so etwas wie eine Einrichtung, die der gebürtige Münchner als eine Selbstverständlichkeit
hinnahm, obschon es eine ungewöhnliche Sache war. Bevor wir uns
aber näher damit befassen, wollen wir unseren neugierigen Besucher
auf seinem Entdeckungsgang begleiten.
   Der alte Franziskaner mit dem schäumenden Masskrug führt ihn

in den ersten Stock des Klosterbaues zu den Zellen der Patres, über deren Türen die Schutzpatrone ihrer Bewohner gemalt waren.

Ein junger, recht blühender Mann mit blauen Augen und einem großen, freundlich lachenden Mund tritt ihm entgegen, Pater Eusebius, der gerade über seiner nächsten Sonntagspredigt gesessen hatte. Nach kurzem Gespräch will sich der Besucher wieder verabschieden. Da kam er aber schön an. »Wie, Sie wollen schon fort? Es war stets eine schöne Sitte der Klöster, gastfrei zu sein, und unsere Häuser scheinen mir ganz dazu bestimmt, manche Sitte der Vorzeit zu schützen vor dem Untergang …« Und Eusebius nahm seinen Gast an der Hand und führte ihn die Treppe hinunter ins Refektorium. Das freundliche Gesicht, das er schon bei seinem Eintritt im Schenkfenster bemerkt hatte, kredenzte auf einen Wink des Paters den vollen Krug und ein Stück Brot. Bier und Brot waren überaus kräftig, wie der Genießer loben musste, und verwundert fragte er, wieso es in der Stadt nicht von derselben Güte angetroffen werde.

Nun bekam Lewald das Geheimnis der Güte des franziskanischen Klosterbiers zu hören. Es werde nicht gesotten, um beim Ausschank zu verdienen, sondern zur eigenen Nahrung, und manche Bürger kämen wegen des guten Trunks, um sich »an der lieben Gottesgabe zu laben«, und sie schenkten dafür reichlicher, als hätten sie ihren Abendtrunk im Wirtshaus genossen.

Eines freilich hat Pater Eusebius verschwiegen: die unzähligen Banzen, die die Franziskaner alljährlich als Gratisbier an die Armen ausschenkten, von denen sie nicht erwarten konnten, ein paar Kreuzer unter das Bierfilzl geschoben zu bekommen. Und das ist wohl der »innere Gehalt« der lieben Gottesgabe im Lehel und ein Beweis dafür, dass der Gerstensaft in unserer Stadt den Rang eines Nahrungsmittels hatte, das mit dem Brot in einem Atemzug genannt werden durfte. In norddeutschen Ohren freilich musste das seltsam klingen; es war aber doch mehr als eine Kuriosität, wenn ein illustriertes Blatt wie die berühmte Wochenzeitschrift »Über Land und Meer« im Jahre 1867 eine Zeichnung veröffentlichte vom »Gratisbier an der Klosterpforte des Franziskanerklosters in München«. Sie stammt übrigens von berufener Hand. Der bekannt trinkfreudige Zeichner Josef Puschkin hat sie zu Papier gebracht, und wir dürfen mit Sicherheit annehmen, dass er mehr als einmal im Klosterbräustübl die Lippen an den Masskrug der Franziskaner gesetzt hat. Und nicht nur Puschkin, wie Lewald weiter erzählt.

Nicht immer freilich sind es freundliche Gäste gewesen, die sich zu einem gemütlichen Abendtrunk im Refektorium des Klosters einfanden, und der Pater erzählt von ihnen wenig Erfreuliches: »Doch kamen nicht immer stille Bürger zu uns, die mit Erbauung in diesen Mauern sich Erquickung und Stärkung holen wollten; junge Leute aus allen Ständen eilten herbei und gedachten hier Gelage in Saus und Braus zu feiern. Sie begehrten mehr zu trinken, als sie vertragen konnten, brachten kalte Speisen mit, damit ihnen der Trunk besser munde, wollten auf unsere höfliche Mahnung nicht mehr um sechs Uhr das Refektorium räumen und verhöhnten und verspotteten die Brüder.«

Noch schlimmer trieb es eines Tages eine andere Gesellschaft, die mit einer Rotte von Fanghunden erschienen war und, nachdem ihnen das Bier in den Kopf gestiegen war, schweinische Lieder anstimmte, aus den Vogelbauern an den Wänden die Singvögel freiließ, um sie von den Hunden totbeißen zu lassen, und Teller und Krüge zertrümmerte, bis eine Gendarmenpatrouille, durch den Höllenlärm aufmerksam geworden, die Krawaller festnahm und die Ordnung wiederherstellte. Um jene Zeit, als Puschkin an seiner Zeichnung strichelte, mag es auch gewesen sein, dass der berühmte Kammersänger August Kindermann des Öfteren im Refektorium des Klosters einkehrte, wo er wegen seines Humors ein stets wohlgelittener Gast war. Bis auf den Tag, da ihn der Haber stach, nachdem er etwas über sein übliches Maß hinaus gebechert hatte. Ein Klosterbruder geleitete ihn, der über die gewöhnliche Zeit hinaus klebengeblieben war, durch den rückwärtigen Gemüsegarten zu einer kleinen Pforte, um den Leuten auf der Straße kein Ärgernis zu geben. »Haha«, lachte er verschmitzt, »das ist also das Hintertürchen, wo die schönen Mädchen hereingelassen werden!«

Nein«, erwiderte ihm der schlagfertige Pförtner, »das ist das Türl, wo die besoffenen Säu hinausgelassen werden.«

### Herbert Rosendorfer: Oans – zwoa – gsuffa oder Versuch einer Standortbestimmung

München. »Meine Minkane Stadt«. »Z' Minka steht a Hofbräuhaus«. Die Kellnerin, die im Hofbräuhaus z' Minka mit rabiater Unfreundlichkeit bedient, muss auch die Masskrüge ausspülen. In der Schwemm' steht zu dem Zweck ein großer Trog mit Wasser. Die Kellnerin hat drei leere Masskrüge in der Hand, taucht die Masskrüge – bleibt kaum dabei stehen – in den Trog, taucht sie ein paar Mal unter, dass es gurgelt, lässt sie abtropfen. Sie geht zum Schankburschen, die Masskrüge werden wieder aufgefüllt. Das Bier schäumt. Ein Drittel Schaum, zwei Drittel Bier. Der Wirt versteuert pro Hektoliterfass 125 Liter. Das Finanzamt geht also davon aus, dass in einem Masskrug ein Viertel Schaum und drei Viertel Bier ist. Der Wirt ist schlauer als das Finanzamt, oder: der zuständige Finanzbeamte trinkt kein Bier, trinkt Wein. Ein Betrunkener kommt und speibt in den Trog. Die Kellnerin hat es nicht gesehen. Der Betrunkene torkelt hinaus. Die Kellnerin hat wieder drei leere Masskrüge in der Hand, dreht sie nun um und stülpt sie in den Trog, lässt es gurgeln. Oans – zwoa – gsuffa. Meine Minkane Stadt. Aber woanders ist es auch nicht besser. Ich möchte nicht wissen, wie es bei Selfridge's in London in der Küche zugeht. Ich möchte nicht einmal wissen, wie es bei Bocuse in Lyon zugeht.

Meine Minkane Stadt. 48° 9' nördlicher Breite, 11° 35' östlicher Länge von Greenwich, 529 Meter Seehöhe, mittlerer Luftdruck 715,2 mm, mittlere Jahrestemperaturen 6,4° Celsius. Wenn die mittlere Jahrestemperatur steigt und steigt, weil die Atmosphäre verschmutzt ist, und irgendwelche wetterbestimmende Strahlen nicht mehr herein- oder herauskönnen, und die Polkappen schmelzen, und das Meer steigt, sagen wir: um 25 Meter, dann ersäuft Hamburg und London (samt Selfridge's) und Leningrad, aber München nicht. 529 Meter Seehöhe. Selbst wenn das Meer um 500 Meter steigt, ragt München immer noch 29 Meter heraus. Aber mittlere Niederschlagsmenge: 747 mm. Darum haben bessere Masskrüge Deckel, damit es nicht hineinregnet. Oans – zwoa – gsuffa.

Brockhaus von 1903: 499 932 Einwohner, darunter 418 594 Katholiken, 68 562 Evangelische, 741 Reformierte, 1715 Altkatholiken und 8739 Israeliten. Die Zahl der Geburten betrug 1901: 18 895, darunter 604 Totgeburten, der Eheschließungen 5719, der Sterbefälle 11 171. In der Garnison liegen das Infanterieleibregiment, das 1. Infanterieregiment »König«, das 2. Infanterieregiment »Kronprinz«, das 1. Schwere Reiterregiment »Prinz Karl« nebst der Eskadron Jäger zu Pferd etc. etc. das Eisenbahnbataillon, die Telegraphenkompanie und die Kavallerietelegraphenschule. Was haben die mit den Pferden telegraphiert? Oans – zwoa – gsuffa? Von den 8739 Israeliten hatten, schätze ich, drei Viertel die Chance, den 9. November 1938 zu erleben. Die Chance,

den 10. November 1938 zu erleben, war geringer. Um sich eine Jagd-
pacht unter den Nagel zu reißen, zündete der ehemalige Hausknecht
und Pferdehändler, Hitlers Freund und späterer Fraktionsführer und
Hauptrabauke im Stadtrat sowie Kreistagspräsident und Präsident des
für die Galopprennen zuständigen »Münchener Rennvereins« Christian Weber eigenhändig die Villa des jüdischen Barons von Hirsch
an. Feuer macht Hitze. Hitze macht Durst. Oans – zwoa – gsuffa.
»Presadent« Weber, ein praktizierender Analphabet, war ein großer
Freund des Bieres. (…)

»Obenan« schreibt der »Brockhaus« von 1903 »steht die Bierbraue-
rei: in 24 Brauereien werden jährlich 3,3 Mill. hl Bier gebraut …«
1973 gab es nur noch sieben, der Bierausstoß betrug 4,2 Millionen
Hektoliter. Wenn sowohl 1903 als auch 1973 davon auszugehen ist,
dass die Hälfte des Bieres für den Export bestimmt war, wenn man
weiter zugrundelegt, dass 1909 die Bevölkerung 500 000, 1973 1,2
Millionen zählt, errechnet sich, dass 1903 weit mehr als doppelt soviel
Bier getrunken wurde als 1973. 1903 gab es aber auch die Anthropolo-
gische, die Psychologische, die Geographische, die Juristische und die
Meteorologische Gesellschaft, einen Alpen-, einen Altertums-, einen
Journalisten-, einen Schriftsteller-, und einen Oratorienverein sowie
drei Freimaurerlogen und 24 Innungen, die täglich einen Früh-, einen
Dämmer- und einen Abendschoppen veranstalteten, und dazwischen
lagen die Herren auch nicht trocken. So ist es nicht verwunderlich,
dass den 38,5 Millionen Mark Guthaben bei der Städtischen Sparkasse
166 782 Pfänder in dem städtischen Leihhause gegenüberstanden.
Oans – zwoa – gsuffa. (…)

»Im Hofbräuhaus«, schreibt der »Brockhaus« von 1897 weiter, »wo
man sich selbst bedient, statt des Stuhls mit einem Fass, statt des Tellers
mit einem Blatt Papier oder auch der flachen Hand begnügt …«
man sieht: der ungenannte Autor dieses Artikels des in Leipzig
erschienenen Lexikons hat vermutlich nie einen Fuß ins Hofbräuhaus
gesetzt; er steht dem allem mit exotischem Interesse eines Ethno-
logen für Zulu-Neger gegenüber, aber lassen wir ihn weiterreden:
»… um Stand und Würden des Nachbarn unbekümmert, mit diesem
rasch ein gemütliches Gespräch anknüpft, oder in den zahlreichen
Lagerbierkellern spielen sich köstliche Volksbilder ab …«, zu denen
wahrscheinlich die eingangs geschilderte Szene am Spültrog gehört,
»… deren Eigenart sich steigert zur Zeit des Bocks, einer im Monat
Mai zum Ausdruck gelangenden, besonders kräftigen Biersorte, oder

des Salvators, der schon um Ostern im sogenannten Zacherlbräu verabreicht wird.« Auch der »Zacherlbräu« ist dem Ausbau einer Kreuzung zum Opfer gefallen. Dort wird heute kein Bock mehr verabreicht, nur noch Abgase. (…)

Robert Musil sagt, die Aufgabe des Schriftstellers sei, einen Knoten in den endlosen Faden zu machen, was hier rücksichts Münchens versucht ist. Einer muss den Knoten machen. Aber vielleicht wird man mir empfehlen, diesen Beitrag doch durch das Gedicht zu ersetzen:

> Wia i no a Buaberl war in der Au,
> mei! wia war da der Himmi blau,
> da san no die ganz kloa Heisl gstanden,
> da war die Gmütlichkeit no vorhanden,
> da san mir durch die Zäun durchgschluffa –
> Oans – zwoa – gsuffa.

## FRANZ RINGSEIS: Salvatoranstich

Beim Salvatoranstich am Nockherberg z Minga
gibts Massn in Massn umsonst zum Trinka
für die staatlich- und städtischn Prominentn,
bis nauf zum Ministerpäsidenten.

Da sitzens beinand, die Linkn, die Rechtn,
ois ob sa si nia a Haar krümma möchtn,
und stessn zamm, aber nur mit de Krüag,
und grinsn si o – hoib iss wahr, hoib iss Lüag.

Und jeder wart, dass a endlich dableckt werd,
und dass a dabei im Fernsehng entdeckt werd,
wiar a süßsauer lächlt und eifrig klatscht,
wenn mar eam oane auffidatscht.

Denn net dableckt wern, dees waar a Blamasch,
da kimmst da vor wia die letzte Bagage.
Zwar stinkt a manchem, wenns z dick daherkimmt,
so dass a sei Zuflucht zum Masskruag nimmt,

um den Stunk wieder abizschwoam –
»So ein Arschloch!«, sagt a na, endlich dahoam.
Aber oam is dees »Arschloch« scho glei passiert;
der hat si dann leider erst recht blamiert.

Aber wahr iss aa, dees umsonstige Saufa
koppt die armen Leit ziemlich auffa,
die si kaum a Mass leistn könna.
Drum möcht i eich heit an Vorschlag nenna:

Saufts weiter und fressts ois wia die Fürschtn!
Aber lassts an Obolus springa
für alle, die irgendwo hungern und dürschtn –
net bloß in Minga.

JOSEPH MARIA LUTZ: Die Nockherberg-Besteigung

Der Frühling naht dir mit Beschwingung,
du planst die Nockherberg-Bezwingung.
Auf dass die Tour dir auch Bergheil schafft,
schaust du dich um nach wack'rer Seilschaft.
Nur g'stand'ne Manner, das versteht si'
und Nockherberg-erfahrne Spezi.

Vom Auer Boden, da steigt's auf,
scharf links die erste Wand glei nauf.
Halt's euch nur fest und griffig ei'
und hoffentlich seid's schwindelfrei.
Macht's nach genauer Orientierung
am mittlern Hang a Traversierung.

Dann stemmt's die Hax'n, speibt's in d' Händ
und nehmt's die letzten gachen Wänd.
A Ruckerl no', a Zug nach ob'n
und dann seid's aa scho glückli drobn.
Die Fernsicht is ganz wunderbar
nach überstandener Müah und G'fahr.

Und, was euch ganz besonders passt,
grad zünftig is die Gipfelrast.
A Wunderbrünnerl, wohlgemerkt,
fließt da, das eure Glieder stärkt:
Salvatorfreud wird euch zuteil!
Man ruft begeistert ein Berg-Heil,

schaugt tiaf in' Masskruag, und woaß g'wiss,
dass dees die schönste Aussicht is.
Da laaft de G'schicht von selber schier.
Der Abstieg macht ganz wenig Müah,
bleibt's eng beinand, ans Seil geschnallt,
dass koaner sich zum Schluss derfallt.

## Da drobn am Nockherberg, der wo am Zacherl ghört
(Liedtext)

Der Frühling ist gekommen, die Bäume schlagen aus,
da wandert alles lustig gar in die Au hinaus;
sie suacha si a Platzerl da droben auf der Höh,
und dieses schöne Platzerl wiss mar eh!
*Refrain:*
Des is am Nockherberg,
der wo am Zacherl ghört,
da gibts a guates Bier
und oiwei san ma lustig hier!
Da findt sich Groß und Klein
glei beim »Salvator« ein,
da drobn am Nockherberg,
der wo am Zacherl ghört!
Habts es ghört!

Ein Ehemann, der hat mit seinem Weib a rechtes Gfrett,
denn so a großes Luader gibt's auf der Welt gar net,
im Schimpfen und im Streiten kann ihr gar koane o
er tuat ma selber leid, der arme Mo!

*Refrain:*
Er führt's am Nockherberg,
der wo am Zacherl ghört,
bind's an am Baum hinan,
dass sie nicht mehr so schreien kann!
Wenn er gnua gsuffa hat,
na sagt er glei »Pfüa Gott«,
bleib du am Nockherberg,
der wo am Zacherl ghört!
Habts es ghört!

Zwoa Maderl, zwoa feine, de könna(r) anand net leidn,
und wenn sie sich begegnen, ja dann werdn s' so weiß wia Kreidn!
Sie schimpfen und sie streiten, zerreißn anander 's Gwand,
da kummt a junger Herr, nimmt s' bei da Hand:
*Refrain:*
Führt s' übern Nockherberg,
der wo am Zacherl ghört;
über d' Fraunhoferbrückn nei
direkt dann in die Ettstraß nei!
Dort werden sie verhört,
zuletzt noch eingesperrt,
z'wegn Streit am Nockherberg,
der wo am Zacherl ghört!
Habts es ghört!

Um viertel über fünfe, da kugelt oana raus,
der siacht scho ganz verduselt und verhonackelt aus!
An Huat hat er auf der Seitn und 's Gsicht ist volla Ruaß,
er denkt si halt: Ja weil's scho so sei muaß!
*Refrain:*
Rutscht übern Nockherberg,
der wo am Zacherl ghört,
hängt an an Randstoa ei,
und fallt direkt in Straßgrabn nei!
Die Nasn mit'm Gsicht,
drauf ein »Vergissmeinnicht«,
der Mann vom Nockherberg,
der wo am Zacherl ghört!
Habts es ghört!

Wo gibt's die schönsten Liader, wo gibt's des höchste Gstanz,
wo gibt's die schönsten Maderln, wo gibt's die besten Tanz,
wo gibt's die besten Würschtl, mit Zwiefe und mit Kre(n),
da muaß oana scho Stunden weit hergeh!
*Refrain:*
Des gibt's am Nockherberg,
der wo am Zacherl ghört,
da gibt's a guates Bier,
und oiwei san ma lustig hier!
Da findt sich Groß und Klein
gleich beim »Salvator« ein,
da drobn am Nockherberg,
der wo am Zacherl ghört!
Habts es ghört!

## Joseph Maria Lutz: Der blühende Sedlmeier

Sie saßen heuer wieder auf dem Nockherberg beim Salvator und feierten Josephitag: der Ludwig, der Alois und der Xaver.

»Jetzt waar halt der alt Sedlmeier aa dabei«, sagte der Xaver besinnlich zwischen zwei Schlücken.

»Und ob er dabei waar«, meinte der Ludwig, »hat ja Joseph aa no g'hoaßn! Dees war sei Namenstagsfeier, darauf hat er was g'halt'n.«

»Und muaß vorigs Jahr sterbn.« Der Alois sagt es und starrt vor sich hin.

Der Xaver tut einen tiefen Schluck: »Es werd scho wieder, hat er allerweil g'sagt, bis in seine letzten Tag nei, und nächstes Jahr gehnga ma wieder zum Salvator, alle mitnand.«

»Recht hat er g'habt, jetzt san ma da.«

»Ja, aber der alt Sedlmeier fehlt halt.«

»Und hat'n so gern trunka, den Salvator!«

»Und jetzt gaab's an Salvator, und der Sedlmeier liegt drent am Ostfriedhof, und no dazua so nah da beim Nockherberg.« Ein leerer Stuhl ist noch am Tisch, wie für den alten Sedlmeier hergerichtet.

»Da sitzat er jetzt«, sagt der Xaver, »ma sollt eahm direkt a Mass histelln an sein Platz.«

»Dees tean ma«, greift der Ludwig begeistert die Idee auf, »mir steuern z'samm und stelln eahm a Mass hi.«

Es gschieht, und dann steht der volle Masskrug vor dem leeren Stuhl, wie ein Denkmal.

Die drei Freunde unterhalten sich gedämpft und erzählen mit traurigem Unterton lustige Stückl vom alten Sedlmeier. Nach einiger Zeit fällt ihnen wieder der Masskrug vor dem leeren Stuhl ein.

»Werd ja lack, dees Bier«, sagt der Xaver bedauernd.

»Ja mei' …«

»Mir könna's eahm do net wegtrinka, sei Bier.« Eine Pause metaphysischen Grübelns entsteht.

»Wüssts, was ma tean?«, unterbricht der Xaver das Schweigen und sein Gesicht hellt sich auf, »mir tragen's eahm nüber, sei Mass!«

»Was hoaßt denn nüber?«, frägt der Alois mit Schaudern.

»Nüber, an Friedhof!«

»Geh …«

»I trags eahm nüber – de Freud mach i eahm zu sein Namenstag«, erklärt der Xaver mit Entschlossenheit.

»I geh pfeilgrad mit, als Abordnung«, sagt der Ludwig, »und du bleibst da und hebst uns derweil den Platz auf.«

Und so geschah es. Die beiden erhoben sich, nahmen den Masskrug, schritten ernst und würdig dem Tore zu, sehr bedacht, dass sie auf dem Wege zum Friedhof keinen Tropfen verschütteten.

Am Friedhofseingang verbarg der Xaver seine Opfergabe unter dem Mantel.

Dann schritten sie die stillen Reihen dahin, weit zurück, bis sie, nahe der Mauer, bei ein paar Bäumen, die Liegestatt des Freundes gefunden hatten. Golden, im Märzensonnenschein, leuchtete ihnen der Name »Joseph Sedlmeier« wie eine Begrüßung entgegen.

Der Xaver sah sich ein bisschen schüchtern um, und da niemand in der Nähe war, enthüllte er den Masskrug:

»So, Joseph, mir gratulieren dir zum Namenstag und ham dir was mitbracht – wohl bekomm's!«, sagte er feierlich und schüttete langsam den Inhalt vom Masskrug zum Joseph hinunter. Gierig und hörbar schluckte die Erde die Feuchte.

»Schmeckt eahm scho«, stellte der Ludwig befriedigt fest, und weil er gerade vor Rührung schnupfen musste, streute er auch noch eine Prise Schnupftabak auf das Grab.

»G'schnupft hat er aa gern, der Joseph.«

Sie beteten ein »Vater unser«, gaben ihm noch Weihwasser, aber nicht zu viel, damit der Salvator nicht verdünnt würde, und begaben sich darauf erleichtert zum Nockherberg zurück, um dem Leben zu geben, was des Lebens war. Jetzt erst kam die richtige Fröhlichkeit unter ihnen auf, weil sie wussten, dass sie dem Freunde gegenüber ihre Schuldigkeit getan hatten. –

Als ein paar Wochen später auf einem Spaziergange – es war schon der Maibock in der Nähe – der Xaver und der Ludwig das Grab besuchten, war der Frühling darüber hingegangen. Schlüsselblumen und Aurikeln zierten es in zärtlicher Fülle, und in der Mitte leuchtete ein Kranz von Narzissen, dass es eine Pracht war.

Beide schauten auf die Blumen nieder, und der Ludwig hielt freudig im stillen Gebet inne und sagte zum Xaver:

»Siehgst es, guat hat er eahm too, der Salvater – grad blüahn tuat er, der alt Sedlmeier!«

## Franz Freisleder: Liebeserklärung an den Münchner März

Da Fasching rum. Bei Münchens Zechern
hoaßt's:»Auf geht's jetz zum Märzen-Bechern!«
Ghörst zu de Gwappelten, bist nobe,
dann bitten s' di zur »-ator-Probe«.
Mit Freibier dort de Leit zuaprostn,
des lassat mancher si vui kostn!
Doch huift koa Laffa und koa Raffa –
die Einladung, die kannst ned kaffa.
Werst dort gar namentlich derbleckt –
was moanst, wia dann erscht 's Freibier schmeckt!
Nehman s' di no so unsanft her –
jetz woaßt: Du bist im Freistaat wer!

## Karl Wilhelm: Augustiner
### (Liedtext)

Ich komme jetzt gerad vom Augustiner
da war es schön, hint in der Schwemm!
Getrunken hab ich wie ein Mediziner,
kann kaum mehr stehn, viel wen'ger gehn!
Erst trank ich schnelle direkt an der Quelle

im Stehn drei Mass, ganz frisch vom Fass!
Dann rutschten noch zwei Mass durch meine Kehle,
dann kam die Zeit der Seligkeit!
*Refrain:*
Schadt nix, macht nix,
ging es auch schon schwer,
immer kommen neue Massen her,
dazu hab ich politisiert,
da hint kann man das ungeniert!
Man singt, man trinkt, man macht Krakeel,
beim Augustiner is 's fidel!

Und erst die Gsellschaft da beim Augustiner,
hint in der Schwemm,
Sie, die is schön.
Lib'rale, Ultra, Sozi, selbst Rabbiner
kann man dort sehn,
sitzen und stehn.
Da gibt's koa Feindschaft, lauter wahre Freundschaft,
ob Anarchist,
ob Monarchist!
Man trinkt sei Bier gemütlich in Gemeinschaft,
koa Etikett,
des gibt's da net!
*Refrain:*
Schadt nix, macht nix,
ob einer Präsident,
Dienstmann, Schuster,
oder Rezensent,
da gilt kein Rang, kein Gwand, kein Stand,
man sagt gemütlich zueinand:
Du Ochs, du Vieh, du alts Kamel,
beim Augustiner is fidel!

Jaja, da in der Schwemm, beim Augustiner,
spieln s' einm oft mit,
gutn Appetit!
Heut habn mir auch noch gar die Erzschlawiner
ins Bier, i bitt,

an Essig gschütt!
Doch so ein Aufguss kann mich nicht genieren,
glei war er drunt,
denn i bin gsund!
Dann taten s' Salz und Pfeffer einirühren,
war auch nicht schlimm,
macht mich nicht hin!
*Refrain:*
Schadt nix, macht nix,
dacht ich mir in Ruh,
schütts ihr mir
ins Bier nur immerzu,
ob's Essig, Salz, ob's Pfeffer is,
schütts ihr nur nei, was grad da is!
Mein'twegen auch Petroleum noch,
ja, aber saufn tu ich's doch!


Doch als es grad am schönsten wär gewesen,
verflixte Gschicht,
kommt's Strafgericht!
Da kam schon meine Alte mit dem Besen,
und macht a Gsicht,
du ahnst es nicht!
Dann packte sie mich gleich beim Rock und Kragen
und schimpft a Stund,
du Haderlump!
Da hat sie mich mit'm Besenstiel geschlagen,
grad auf den Kopf,
packt mi beim Schopf!
*Refrain:*
Schadt nix, macht nix,
als ihre Wut vorbei
schleppt mei Alte
noch zwei Mass herbei,
und als Entschädigung für die Schmier
zahlt meine Alte 's ganze Bier!
Sie is halt doch a gute Seel,
beim Augustiner is fidel!

Franz Freisleder: ## Zweimal Durscht

Nachmittags im Hofbräuhaus:
Ein Herr aus Blankenese
nippt stundenlang an einer Mass,
isst dazu Brot und Keese.

Daneben sitzt ein Bayer
und er trinkt, nicht übertrieben,
in ungefähr der gleichen Zeit
– glatt sieben.

Der Herr von oben ist pikiert.
Er denkt sich: Junge, Junge,
schaut strafend seinen Nachbarn an
und sagt mit spitzer Zunge:

»Bei uns, da trinkt ein feiner Mann
nur jegen Durst, sonst nich!«
Der Bayer drauf verachtungsvoll
(und lang gedehnt): »Wia 's Viech.«


Klaus S. Richter/F. Reiter:
# In München steht ein Hofbräuhaus
## (Liedtext)

Da wo die grüne Isar fließt,
wo man mit »Grüß Gott« dich grüßt,
liegt meine schöne Münchner Stadt,
die ihresgleichen nicht hat!
Wasser ist billig, rein und gut,
nur verdünnt es unser Blut,
schöner sind Tropfen goldnen Weins,
aber am schönsten ist eins:
*Refrain:*
In München steht ein Hofbräuhaus,
oans, zwoa, gsuffa!

Da läuft so manches Fässchen aus,
oans, zwoa, gsuffa!
Da hat schon mancher brave Mann,
oans, zwoa, gsuffa,
gezeigt, was er so vertragen kann;
schon früh am Morgen fing er an
und spät am Abend kam er heraus,
so schön ist's im Hofbräuhaus!

Da trinkt man Bier nicht aus dem Glas,
da gibt's nur »die große Mass«!
Und wenn der erste Masskrug leer,
bringt dir die Reserl bald mehr.
Oft kriegt zuhaus die Frau an Schreck,
bleibt der Mann mal länger weg,
aber die braven Nachbarsleut',
die wissen besser Bescheid!
*Refrain …*

Wenn auch so manche deutsche Stadt
Sehenswürdigkeiten hat,
eins gibt es nirgendwo wie hier:
Das ist das Münchener Bier!
Der dieses kleine Lied erdacht,
hat so manche lange Nacht
über dem Münchener Bier studiert,
und hat es gründlich probiert!
*Refrain …*

## Siegfried Sommer: Grüner Himmel der Bierseligkeit

Wanderer, kommst du nach München. Und willst du ein bisschen verweilen in einer der grünen Inseln der Bierseligkeit, wie die berühmten bayerischen Brotzeit-Oasen auch gerne genannt werden, so merke: Bierkeller und Biergärten sind nicht dasselbe. Sie könnens zwar sein. Müssen aber nicht.

Denn als die alten Bojaren das Biersieden einst begannen, siedelten sie sich auch auf den Höhen der Isarufer an. Stellten ihre riesigen Bottiche auf und »brauten immer noch eins«. Wie es von den nordischen Nachbar-Germanen, die seinerzeit am Rheine saßen, und auch von ihrer Trinkkultur hieß. Denn dort an den Hängen des weißblauen Amazonas störte sich niemand am Rauch-Qualm oder Lärm, weil dieselben doch bis zu fünf Kilometer auseinanderklafften. Und da hat man dann eben auch gleich tiefe Stollen in die steilen Hänge getrieben, um in ihnen die geliebte Suppe vom Fass nach langer anstrengender Gärung zu lagern und kühlen zu lassen. Denn dem edlen Gerstensaft ist es immer schon am liebsten, wenn er nicht bewegt wird und seine Ruhe hat. So wie dem Ureinwohner halt auch.

Diese Katakomben, die es seit grauer Vorzeit gab, wurden hin und wieder auch ein bisschen zweckentfremdet. Beispielsweise die Schächte unter dem legendären Nockherberg, in dem sich in der feldgrauen Zeit die Goldfasanen verkrochen, wenn das Unglück vom Himmel fiel. Oder durch ein mageres Künstler-Völkchen, das sich »Kellerasseln« nannte und in den mürben Kasematten unter dem Augustinerbuckel zusammen mit grauen Mäusen und Monologen hauste. Die kleinen Kastanien-Wälder, die auf der fünfzehn Meter dicken Humusdecke über ihnen fleißig gediehen und mit Bierresten begossen wurden, blieben doch die beliebtesten Wallfahrtsorte der durstigen Isarstädter und nichts konnte sie dabei in ihrer Bierruhe erschüttern. Was Münchens markantester Oberbürgermeister Thomas Wimmer im Gipfelbuch des Monte Nockher, auf dem zwar noch nie ein Almenrausch blühte, dafür aber öfters gehörige Vollräusche, so lapidar ausdrückte. Nämlich: »Gott erhalte meinen Durscht – alles andere ist mir wurscht«.

Das Populärste unter den acht großen schwarz-gelben Säufer-Paradiesen und den etwa dreihundert kleineren »Tankstellen unter Blättern« ist neben dem Hirschgarten der Augustinerkeller, auch »Lieber Augustin« oder einfach »Gustl« geheißen. Viertausendfünfhundert Gäste üben dort an einem schönen Sommerabend fleißig die edle Kunst des »Einarmig Reißen«, das Masskrug-Stemmen, das eigentlich längst in die Olympischen Disziplinen aufgenommen werden müsste. An den großen runden Stammtischen trafen sich schon viele von den Großen dieser kleinen Welt. Da saßen der Willy Brandt und der schlagfertige Peter Frankenfeld, die Mutter der Nation, Inge Meysel, neben dem noblen Walter Scheel, der sich seinen Masskrug meistens nach alter Sitte selbst am riesigen Wasserfass spülte, genau so zufrieden und voller kleiner Glückseligkeit wie der starke Burt Lancester und der vielgeliebte Johannes Heesters. Und alle ließen sich den Leberkäs mit Sauerstoff und die kühlen Blonden gut und lange munden. Nach dem weisen Spruch, den ein Münchner Dreiquartel-Philosoph einmal getan hatte. Nämlich: »Gemütlichkeit = Durscht plus Harmonie«.

Wenn dann manchmal auch etwas abseits die glücklose Soraya Platz genommen hatte, die »einen Sommer lang« auch mit einem einheimischen Altmetallhändler verbandelt war, so sagten einige Zeitgenossen vielleicht auch ein bisschen hämisch: »Was für ein Weg vom Pfauenthron – auf einen Marmeladeneimer.« Der neunzigjährige Volksschauspieler und Hallodri Bertl Schultes brachte seine Gefühle jedoch auf einen ganz anderen Nenner. Denn nach dem ersten Schluck beteuerte er absolut glaubhaft: »Das Bier ist halt das einzige Gemüse, das ich noch beißen kann.« Um etwas später dann dramatischer hinzuzufügen: »Gestern noch auf stolzen Frauen – und heut schon wieder vier Mass«. Neuerdings hat auch der »Schtraußä« mit seiner Mariandl-andl-andl einen festen Sitzplatz im Biergarten. Höflich gegrüßt, freundlich belächelt oder auch nur gelassen notiert.

Auf dem Plakat an der großen Schänke indes steht geschrieben: »Nicht genügend gefüllte Krüge bitte nachfüllen lassen«. Was ein satter Münchner Bürger aber keineswegs tut. Weil er doch weiß, dass der Schankkellner, der am Schaumprofit beteiligt ist, auch manchmal eine neue Hose braucht. Da hat ein unbekannter Noagerl-Schiller darunter gesetzt: »Der Pfarrer macht d' Predigt / der Metzger macht d' Wurscht / der Glaube macht selig / und der Hunger macht Durscht.« So hat halt im Freistaat alles seine Richtigkeit. Nun war es in der guten alten Zeit an solchen Stätten auch noch der Brauch, dass schneidige Militärkapellen oder eine zünftige Blechmusik aufspielten, zu deren Weisen dann manche Gäste gerne etwas mitgrölten. So zum Beispiel die geistreiche Feststellung: »D' Sau, d' Sau, d' Sau hat an schweinern Kopf.« Im »Augustus« jedoch herrschte immer schon das Schweigen im Walde. Das wurde von den Wirten damit begründet, dass am Rande des großen Biergartens auch ein kleines Bergerl war, das heute noch existiert und das im vorigen Jahrhundert als Richtstätte außerhalb der Stadtmauer galt. Ein gewisser Josef Stopper, der den Messdiener von Sankt Asam wegen drei Taler abgemurkst hatte, wurde 1845 als letzter Delinquent auf dieser kleinen Erhebung enthauptet. Die fünf Steinstufen, welche der Spitzbube damals hinaufsteigen musste, gibt es tatsächlich heute noch. Aus einer gewissen Pietät aber darf eben deshalb keine lebenslustige Weise mehr erklingen. Sagt der Wirt. Sodass jetzt lediglich ein kleiner Spielplatz für Kinder an dieser Stelle entstanden ist, die dann etwas verspätet vielleicht das Lied »von der schwarzen Köchin« trällern. In dem es doch bekanntlich heißt: »Dreimal muss ich rummarschieren, s' vierte Mal den Kopf verlieren.« Weil jedoch noch nie ein Interessent die fragliche Chronik zu Gesicht bekam, wird stark vermutet, dass sie heute nur noch in der Vorstellung des pfiffigen Gastronomen existiert. Welches Bier wie viel, wann und wie man es im Garten trinkt, ist grundsätzlich »an jed'n sei Sach«, wie der bayrische Demokrat sagen würde. Aber es gibt immerhin auch gewisse Spielregeln und nützliche Ratschläge.

Alteingeführtes Maß ist bei den »Südstaatlern« die Mass. Also der Liter mit tausend Kubikzentimeter. Wenn es dem Schenkkellner und der Bedienung angemessen erscheint, kann jedoch in Ausnahmefällen auch eine bayerische Halbe verabreicht werden. Meistens als »Verdruss-Halbe« bekannt. Weil sie zum Abschied serviert wird, der ja immer ein bissl verdrießlich ist. Eine Molle oder einen »Schoppen« gibt es in einem einheimischen Bierkeller nicht. Und wenn da eine Gnädige zu einer einheimischen Kellnerin vielleicht sagen würde: »Frollein, bitte schön ein kleines Helles für mich. Ich habe nämlich ganz wenig Durst«, dann wird die Bierhebe zuerst einmal die Augen zum Himmel verdrehen, wie eine Taube beim Wassertrinken, als wollte sie zum lieben Gott – der ja bekanntlich auch ein Bayer ist – sagen: »O Herr, vergib ihnen, denn sie wissen nicht, was sie tun.« Und dann zur Madam: »Frollein, wissn S' wos, dann wartn S' einfach solang, bis nacha Durscht ham. Und dann b'schtelln S' Eana a Mass.«

Gestattet und absolut legal ist dagegen die »Radlermass«, die zur Hälfte aus Limonade besteht und zum Löschen des allerschlimmsten »Brandes« bestimmt ist. Daher auch der Name »Feuerwehr-Maß«. Humpen, Kelche, Schalen, Stiefel oder Pokale sind als Trinkgefäße unter den Kastanien unangebracht. Als geeignetes Gefäß ist der Masskrug aus Glas oder Steingut bestens eingeführt. Dieser braucht aber weder mitgebracht noch mitgenommen werden. Letzteres gilt als einwandfreier, von den einheimischen Richtern prompt geahndeter Diebstahl. Leider ist das ideale Münchner Biergschirr – der nach einer nahen Ortschaft mit größerem Lehmvorkommen benannte »Keferloher« – so gut wie verschwunden. Er war nämlich nicht nur wegen seiner größeren Kühlfähigkeit so beliebt, sondern auch bei jedem Raufhändel. Weil er aus menschenfreundlichem Ton bestand, zerbrach er fast immer eher, wenn man ihn dem Gegner auf den Scheitel setzte, als dessen Kopf.

Von den verschiedenen Biersorten besagt südlich des Mains ein altes Sprichwort: »Das helle Bier geht aufs Herz, das Dunkle macht dick. Nur das Freibier schadt gar nichts.« Gegenwärtig ist im Mutterlande von Hopfen und Malz jedenfalls das Helle großer Favorit. Während das »Finstere«, das früher hauptsächlich Rentner und alte Leute gerne als Hauptnahrung zu sich nahmen und manchmal sogar eine mürbe Kaisersemmel einbrockten, um es dann mit dem Löffel zu essen, gerade eine dunkle Zeit durchmacht.

Der echte Biergarten-Profi beginnt mit dem Bier-Busseln kaum schon am hellen Nachmittag, wenn das Zentralgestirn noch in den Krug blinzelt. Für ihn schlägt die Stunde der Wonne erst dann, wenn die Säufer-Sonne aufgegangen ist, »la Luna«, der Mond. Zur kompletten Mass gehört für ihn grundsätzlich auch ein Bierfilzl, also ein Bierdeckel, der erstmals viereckig war und aus dickem Filz. Um den überlaufenden Schaum aufzusaugen. Heute ist dieses Gerät meistens aus Pappendeckel und mit sanft idiotischen Werbesprüchen bedruckt. Es wird der Prominenz gerne unter die berühmte Nase gehalten, um ein Autogramm zu bekommen. Trotz des geringen Gebrauchswertes will man aber den Bierdeckel auch nicht vermissen. Denn erstens hält er, wenn es plötzlich zu regnen beginnt, diese unbestellte Flüssigkeit davon ab, das Malzgetränk zu verschneiden und zweitens sitzen auf den vielen Bäumen ja auch viele Vögel. Die mitunter sehr gut zielen können. Wobei ein Alteingesessener so einem kleinen gefiederten Wilhelm Tell sogar noch gewiss mildernde Umstände zubilligt, indem er konstatiert: »Man muss immerhin noch froh sein, dass keine Kühe auf den Kastanien nisten.« Zum Thema »Brauchtumsschand am Masskrugrand« wäre grundsätzlich noch folgendes zu sagen. Jeder gelernte Bierschlecker sollte seinen Henkeltopf am besten selber in den vielfach noch vorhandenen riesigen Bottichen mit laufendem Leitungswasser ausspülen. Meistens freuen sich aber auch die zahlreichen hübschen Begleiterinnen, wenn sie zu diesen niederen Diensten vom Meister abkommandiert werden. Denn so ein zweihundert Meter langer Kiesweg durch die Stuhlreihen ist wohl der längste Laufsteg der Welt. Und der Beifall für die geschmeichelt lächelnden Wipp-Wipp-Hurra-Mädchen fällt deshalb fast ebenso groß aus wie jener, wenn die letzten Brauereirösser mit ihren gestriegelten Hinterteilen mitten zwischen den Zechenden halten und umkehren. Die Krügl-

Waschung soll alsdann solang erfolgen bis der hohle Stein kälter ist als das Bier selber. Was sichtbar eintritt, wenn sich die gläserne Tasse beschlägt. Jedes Spülmittel soll absolut vermieden werden. Denn der größte Feind einer frischen Labe ist das Fett. Wenn auch nur die allergeringste Spur damit in Berührung kommt, fällt nämlich das Bier sofort zusammen, sodass es im Krug liegt wie ein toter Hund. Drum bestellt ein echter Kavalier seiner Feierabend-Braut mit dem roten Himbeergoscherl fast immer eine eigene Mass.

Beim Familienkrug wiederum hat jedes Mitglied der Sippe einen angestammten Platz, an dem es sich ansaugen darf. Die Frau Mutter in der Mitte vorn, die Kinder rechts und hinter dem Henkel. Und der Papa sodann, nachdem er die letzten Presssackreste vom Schnurrbart gewischt hat, am linken Ufer. Der Schnauzer fungiert dabei auch noch als Bremse, indem er den hinderlichen Schaum solange zurückhält, bis er an den eigentlichen Kern der Sache genügend herankommt. Ähnlich wie bei den Bartwalen. Die Menge des Biers bestimmt natürlich der vorhandene Durst. Aber auch biedere Gedanken spielen dabei eine gewisse Rolle. So sagt zum Beispiel der Alletag-Zuzzler in umwerfender Logik: »Jetzt hab ich neulich gelesen, dass eine Mass Bier genauso viel Kalorien enthält, wie ein Pfund Rindfleisch. Aber ich kann doch nicht jeden Abend vier Pfund Rindfleisch essen.« Und ein gängiges Witzlein ist ferner jener kleine Dischkurs zwischen einem Bayern und einem Andersgläubigen, in welchem letzterer den Herrn Papa, der seinem fünfjährigen Sprössling eine eigene Mass hinstellt, ganz entsetzt fragt: »Ja sagen Sie mal, so ein winziger Bub kann doch nicht allein einen ganzen Liter Bier trinken?« Worauf der Erziehungsberechtigte kurz erwidert: »A geh, wos woaß denn so a kloans Kind scho, wiavui a Mass is.«

Aber was wäre so ein alter bayerischer Brotzeit-Stützpunkt ohne die Kellnerin. Sie trägt nicht nur ganz weiche Boxcalf-Stiefel an den Beinen, wie sie einst der römische Held Ben Hur anhatte, sondern auch ein weiches Herz unter der gestärkten weißen Schürze. Und ihre weiße Haarkrone sieht fast aus wie der Schaum einer frisch einge-schenkten Mass. Schon als blutjunges »Biermöpserl« hatte die Rosa, die Wally oder die Mina, denn nie hieß eine Yvonne oder Mercedes, einen lieben Freund, der sie abends auf der Fahrradstange heimfuhr und ihr nachher die paar Zehnerl aus der Schürze herausschüttelte. Später aber betreute sie mit Gewissheit irgendeinen scheuen Studiosus, der halt gar so arm dran war, sodass sie sich das bestellte Gulasch einfach nicht bezahlen lassen konnte. Und so fütterte eine Dreiquartl-Marie gut und gerne in ihrem Zubringer-Dasein drei bis vier Kandidatlein bis zum Doktor durch. Um dann schnell mitsamt den etwas lauen Versprechungen eines späteren Lebensbundes vergessen zu werden.

Im Alter aber war fast immer irgendein Cousinchen oder Enkerl da, für welches die gute ehrliche Fischhaut ihren Kleingeldsegen sammelte und auf die Kasse trug. Drum blieb so einer Leberkäsknödel-Dompteuse am Ende ihrer Tage nicht viel mehr übrig als ein Spreizfuß, ein paar falsche Geldstücke und die Erinnerung. Jetzt aber heißt es halt mit Gewissheit von dieser Sorte Bedienung: »Da geht sie hin und kommt nicht wieder.« Denn schon sieht der Bierdimpfl auf lautlosen Gummisohlen den fürchterlichen Biertankwagen mit dem langen Pipelineschlauch um die Ecke schleichen. Und an den langen Selbstbedienungs-Theken werden dann wohl kleine Emailleschilder mit den Gedächtnis-Namen der Bierheben angebracht sein, die durch schwer verchromte Hähne ersetzt worden sind. Pfui Teufel.

Doch wer sich deshalb noch schnell von einer solchen Gemütlichkeits-Walküre verwöhnen lassen will, statt von einem katholisch kalabrischen Cameriere, der kann auch einmal in den Hirschgarten hinauspilgern, wo sich das einfache herzerfrischende Völkchen aus den Vorstädten gerne trifft, um bei den drei »Hs« – Hendl, Handwurst und Hindelanger Kas – sowie selbstmitgebrachter Fleischpflanzl, einen der siebentausend Feierabendsessel zu beschweren.

Auch beim Besteigen des Münchner Starkbier-Matterhorns, des Nockherberges, der zwar nur etwa vierundachtzig Meter hoch ist, aber doch einen so breiten Buckel hat, dass mindestens zweitausend Zecher auf ihm Platz nehmen können, warten die letzten Schürzerl-Mamsellen auf den lustigen Gipfelstürmer, um ihm das berühmteste Starkbier der Welt, den Salvator, zu servieren.

Von den zünftigen Blätterlauben des Löwenbräukellers erzählt man sich, dass der Münchner Komiker Weiß Ferdl von durstigen Travellers einmal nach dem Weg dorthin gefragt, erwiderte: »Gehen Sie nur immer schön geradeaus, dann hören Sie s' sowieso gleich brüllen.« »Was, die Löwen?«, fragen darauf die Fremden. »Na, na, de B'suffn«, erklärte ihnen der Ferdinand.

Selbstredend darf die bekannteste Einkehr des Abendlandes, mit dem romantischen »Löwenbrunnen-Hof«, nicht fehlen. Das Hofbräuhaus-Garterl. Dort treffen sich leider auch jene talerklirrenden Renommier-Seppl, die sich gerne für eine Mass mit den Touristen fotografieren lassen. Und es fehlen auch nicht die g'spinnerten Amis, die versuchen, die frischen Weißwürste aufs Brot zu streichen, und ihre Womans, die meistens völlig umsonst probieren, mit hochschwangernen Schürzerln die aufmerksamen Ordnungsleute zu passieren. Denn der Wächter an der Pforte des kleinen Garten Eden weiß natürlich längst, dass sie darunter die schönen Masskrüge mit dem bayerischen Königswappen hinausschmuggeln wollen.

Beim »Aumeister« im Englischen Garten gibt es nicht nur viele Schmankerl und Schmakeduzchen, wie die Magentratzerl gerne geheißen werden, sondern auch die beste Luft. Sodass sich jeder Gesundheitsapostel ganz gratis ein paar wahrhafte Ozonhappen aus der Atmosphäre herausbeißen kann. Ganz anders dagegen ist das Treiben im Bierausschank am Chinesischen Turm, ebenfalls in Münchens grüner Lunge gelegen. Er ist in den letzten Jahren der Hauptanziehungspunkt für blutjunge Trotzköpfe und bittere Bert-Brecht-Kopien geworden. Diese Typen kommen fast ausschließlich aus dem nahen Schwabing, auch Wahnmoching geheißen. Von dem immer ein kleiner Duft von Chanel Nr. fünf und Gebot Nr. sechs herüberweht. Ach, was trifft sich da nicht alles unter dem weißblauen Föhnhimmel. Dschingis Khans wilde verwegene Erben, ein Rest o-beiniger Hunnen von der Voraus-Abteilung Attilas, jede Menge von Frankensteins Bräuten, Künstler, Komiker, Käuze, Traumtänzer und Treppenzimmer-Rebellen. Und natürlich die halbentblößten »Zähne« aus dem Reiche Wedekinds. Die zahlreichen Bambinos werden zum Teil in großen selbstgeschlungenen Bauchtüchern mitangeliefert. »Die Känguruhs sind unterwegs.« Doch sonst sind diese jungen Menschen immer recht lieb zu den Tieren. Und sie füttern gern den Schwan »Lohengrin« von dem nahen kleinen Ausflugssee mit saftigen Bierbrocken. Solange, bis er schließlich seinen langen Hals zusammenfallen lässt wie einen Staubsaugerschlauch. Auch der pflastermüde betagte Schimmel unter dem Weißdornstrauch schleckt freudig aus einem Suppenteller das von den Gönnern gerne verabreichte blonde Nass. Nun heißt bekanntlich eine alte Genuss-Regel in München schon immer: »'s Essen und 's Dringa san die drei schönsten Dinga.« Sollte aber jemand diese Ermunterung vielleicht lieber vom »Dritten« her ausprobieren wollen, so sei ihm unter anderem der Grüntal-Garten mit dem kleinen Märchenbach empfohlen. Dort tummelt sich jene Society, die sich hauptsächlich bei Messen und Mode-Wochen in München trifft. Im flackernden Schein abendlicher Windlichter schreitet da gar mancher blonde Kleidergalgen durch die Reihen der notwendigen Kavaliere. Und nach einem uralten Volkslied könnte ein poetischer Schelm dazu auch leise vor sich hinträllern »Was klappert die Lilli am rauschenden Bach …«

Ja, und da wären dann auch noch die vielen kleinen Rasterias, wo oft nur ein einziger Baum dem späten Zecher mit seinen grünen Blätterhänden winkt. Und die winzigen Efeu-Gärtchen, die dem trunkenen Wandersmann selbst vor Mitternacht noch gern ein Bein stellen wollen. So kommt es denn auch nicht von ungefähr, dass jemand, der den flüssigen Freuden des Lebens nicht gerade stur aus dem Wege geht, langsam das hierzulande in einer wunderschönen Entschuldigung zusammengefasste Poem begreift:

> Und da Krüagldeckl geht auf
> und da Krüagldeckl geht zua
> und i find hoit mei Lebn lang
> vom Krüagldeckl koa Ruah …

## Franz Freisleder: Sommerzeit – Biergartenzeit oder: A Fliagn im Krug

> Beim Aumeister drunten im Englischen Garten.
> A Gast bstellt a Mass und muass recht lang drauf warten.
> Stehts endlich am Tisch,
> is scho nimmer ganz frisch.
> Und was no dazua kimmt:
> dass im Kruag a Fliagn schwimmt.
> Da Gast regt si auf.
> Moant die Kellnerin drauf:
> »Zwengs dem braucht a Eahna doch wirkli ned stinga –
> was werd denn a so a kloans Viecherl scho dringa …«

## Jutta Makowsky: Biergarteln

Biergarteln ist ein Verb, deklinierbar: Ich biergartle, du biergartlest, er biergartlet. Nur – im Singular taugt es nicht viel. Zünftig wird's erst im Plural, wenn wir biergarteln, ihr (mit uns) biergartelt und auch sie (mit euch und uns) biergarteln. Biergarteln setzt Gemeinschaftssinn voraus und ist am schönsten in großer Runde.

Der Ort des Biergartelns ist naturgemäß der Biergarten. Vorsicht. Die Bezeichnung wird oft falsch angewandt: Ein Wirtshausgarten mit schattenspendenden Bäumen – vornehmlich Kastanien –, in welchem Bier ausgeschenkt und Essen serviert wird, ist noch lange kein Biergarten. Das ist eine Gartenwirtschaft, wie sie es überall auf der Welt gibt. Den echten Biergarten gibt es nur in und um München. Drei wichtige Faktoren:

1) die kleinste Trinkmenge ist eine Mass, 2) die Brotzeit darf mitgebracht werden und 3) ein Biergarten ist keine Freiluftgaststätte, sondern eine Weltanschauung.

Eingefuchste Biergartler erkennt man daran, dass sie nicht irgendein Tischtuch mitbringen, sondern ein kariertes (muss nicht weißblau sein, rotweiß geht auch!). Unbedingt erforderlich ist der Radi (für Uneingeweihte Rettich, aber sagen Sie das bloß nicht laut im Biergarten!), der kunstgerecht geschnitten, gesalzen und wie eine Ziehharmonika auseinandergezogen wird, wenn er »weint«. Falls das Salz vergessen wurde, leiht man es beim Nachbarn, das schafft Kommunikation. Ferner: Brotzeit und Zubehör bringt man immer im Korb, wenn's geht, auf dem Radl. Unser Tipp: Keine Sandalen im Biergarten! Der Weg vom Ausschank zum Tisch mit Steinchen unter den Sohlen wird sonst zur Qual.

Natürlich kann man auch eine Brotzeit am Standl holen oder sich an die vornehmen Tische setzen, wo bedient wird. Da ist man dann der Gnade oder Ungnade der Bedienung ausgeliefert, die immer diejenigen zuerst drannimmt, die später gekommen sind. An solchen vernachlässigten Tischen gedeiht der Grant, auch eine Münchner Nationaleigenschaft.

Beim Biergarteln, wenn alles Mitgebrachte redlich geteilt wird, herrscht immer Frieden. Auch nach der vierten Mass wird keiner aggressiv, im Gegensatz zum oft handgreiflichen Oktoberfest. Es muss an der frischen Luft liegen. Oder halt an der Weltanschauung.

Soweit die Informationen für Nichtmünchner. Übrigens laufen sämtliche Erdteile oder besser gesagt: deren Bewohner im Biergarten herum, das gehört dazu und gibt Flair. Besonders anpassungsfähig sind die Schwarzafrikaner. Den Asiaten hat niemand gesagt, dass sie ihre Stäbchen mitbringen dürfen. Aber das lernen die auch noch …

## Günter Goepfert: Im Biergarten

Jetzt hats a End,
des Renna und des Hastn.
A Ruah ham d' Händ,,
und aa dei Gmüat derf rastn.

Du schaugst ganz staad
a Zeitlang vor di selber hin.
Du bist net faad;
grad s Nixtoa liegt dia halt im Sinn.

A süffigs Bier,
und aa die Brotzeit is scho bstellt.
Wia guat gehts dir …
Sag Prost, sei froh – und pfeif auf d' Welt.

## Christian Springer: Armer Wiesnwirt

Manchmal habe ich zur Wiesnzeit ein richtig schlechtes Gewissen.

Was ist denn, wenn's doch stimmt? Wenn die Wiesnwirte tatsächlich nichts an der Wiesn verdienen? Natürlich glaubt das kein Mensch. Aber überlegen S' einmal selber: die Wetterabhängigkeit beim Oktoberfest, die Mieten, die Weltwirtschaftslage und dazu sechzehn Tage lang die Brotzeiten für die Wiesnbedienungen undundund. Da sind keine großen Sprünge drin.

Wir lachen, aber sind die Wiesnwirte überhaupt sozial abgesichert? Was ist denn, wenn einmal die neue Kassiererin ständig nach Übersee telefoniert, die Brauereirösser plötzlich eine Asphaltallergie haben und die Prominentenkutsche vor dem großen Wiesneinzug eine neue Lackierung braucht?

Dann geht's ans Eingemachte. So schlecht kann der Schankkellner gar nicht einschenken, dass der Wirt die Unkosten durch seine Dreiviertelmassen wieder reinholt.

Dann ist die Wiesn aus und der Wirt plötzlich verarmt. Und an Weihnachten sitzt er dann im zerlumpten Trachtenanzug in der Fußgängerzone, einen leeren Masskrug vor sich und bettelt mit klammen Fingern um eine warme Mahlzeit.

Da muss man doch was unternehmen!

Also bei der nächsten Wiesn gehe ich jeden Tag in ein anderes Bierzelt und bestell sofort zehn Mass. Ah, was heißt zehn! Hundert! Oder ich gehe nicht auf die Wiesn und warte bis Weihnachten.

Wenn ich dann einen Wiesnwirt in der Fußgängerzone betteln sehe, werfe ich ihm einen Euro in seinen Trachtenhut. Das ist bei weitem billiger als jede Wiesnmass.

Und mit dem Rest spare ich auf ein Wiesnzelt.

## Franz Freisleder: Gstanzl zum Wiesn-Bierpreis oder: Alle Jahre wieder

As Bier gibt's beim Wirt, aa beim Krama gibt's Bier;
doch 's Wiesnbier gibt's bloß mehr beim Juwelier!

Vom wertvollen Wiesnbier müaßn d' Wirt – prost! –
jeds Fassl versichern; was moanst, was des kost!

A Wiesnwirt hat si fürn Bierpreis recht gschaamt,
und dann is a aufgwacht – des hat a bloß draamt.

Macht dir in fünf Jahr no de Wiesn an Spaß,
dann nimm hoid an Zwanzga und kaff dir a Mass!

Und zähln unsre Festwirt ihrn goidana Segn,
na war da Onassis a Fretter dagegn!

As Wiesnbier teira – für d' Stadt is des faad,
doch bringt's ihr aa Steiern, und drum is d' Stadt staad!

## Hanns Vogel: Zirngiebls Wiesn-Expedition

Alois Zirngiebl hing zäh am alten Herkommen. Er hatte eines jener markanten Profile, die unverkennbar nur einem Münchner gehören konnten. Eben legte er letzte Hand an seinen drahtigen Schnurrbart an. Unternehmungslustig zitterten die dressierten Salz- und Pfefferborsten einem Ereignis von elementarer Bedeutung entgegen, als er im Spiegel der Wohnküche sein Konterfei taxierte.

»Jetz pack mas nacher, Kreszenz!«, gab er die Parole über seine Schulter hinweg an seine Ehehälfte, die ächzend das letzte Hakerl an der Ritterrüstung ihres Korsetts einmachte.

»I mag net z' spät komma, bloß weilst du nia fertig werst!« Damit fuhr er mit Kraftgefühl in seine Trachtenjoppe, dass die Nähte krachten.

»Jessas, moana mecht ma scho, dass d' was versaamst, wo d' Wiesn vierzehn Tag dauert«, mopste sie.

Das stichelnde Wort war gefallen, aufregend wie ein störender Tropfen aus dem undichten Wasserhahn in der Küche.

»Keinen Funken Münchner Nationalbewusstsein hast du no nia net ghabt. Bal ma um zwölf Uhr de zwölf Böller auf der Theresienhöh aussilasst, so is dees für mi wia a unmilitärischer Stellungsbefehl, net wahr. So was lass i mir net entgeh, den ersten Zapfenstreich sozusagen, wenn unser Oberbürgermoasta den Wechsel in den Banzn neischlagt, fachgemäß, ohne dass er seinen Daumen trifft. Von all seinen Amtshandlungen is dees im ganzn Jahr de weihevollste, jawohl! – Und dass d' as woaßt, i geh!«

Die Ehehälfte Kreszenz versenkte noch schnell ein Trumm Emmentaler in die Proviantranitze, und schon verhallten die Tritte von einem Paar Stiefel, Männergröße 44, und einem Paar Krokodillederhalbschuhe, Frauengröße 38, treppab im Stiegenhaus.

Als die beiden nach einer flotten Fußwanderung beim Brausebad am Rande der Theresienwiese eintrafen, meinte der Haushaltungsvorstand Zirngiebl zu der in seinem Kielwasser segelnden Gemahlin: »Erstens is dees Geh gsund, und zwoatens ham ma fast a Halbe Wiesnbier eigspart. In der Trambahn hättn s' oan sowieso derbatzt.«

»Aber d' Füaß brenna mi saumäßig von dera Lafferei durch de ganze Stadt!«, rügte sie die männliche Sparsamkeit.

»Hättst bloß deine Einlagsohln nehma braucha, vergessen tuast ja so alles, mit deim Goaßhirn!« Damit schritt Alois wie ein Triumphator bereits durch das Eingangsportal am Bavariaring.

»Früher war der Bogen da allweil aus Latschen, de wia ein Vorgschmackerl vom Märzenbier riacha. Jetz hat ihn ein Künstler gestaltet!«, verfiel er plötzlich in ein skeptisches Hochdeutsch. – »Mei, müassn halt aa lebn, de Künstler.«

»So!?«, hob er seine Stimme, einen Widerspruch ausschließend und über so viel unbürgerliche Einstellung empört.

Nach einer Pause des Schweigens wagte Kreszenz es doch noch einmal: »Grüaß di, steht aa überm Eingang. Dees is do nett von der Stadtverwaltung, dees muaßt do sagn, Alois?«

»Nett? Mei Geld grüaßn s', net mi. Übrigens bin i grantig, weil i an Mordsdurst hab!«

Mitleidig warf sie ein: »Zehn Minutn muaßt no aushaltn, bal de Uhr von der Paulskirch stimmt!«

»De is no nia net recht ganga. Dees muaß bei dene am Mesner liegn. – Ah, da schau hi!«, blieb der ungerechte Zirngiebl plötzlich sprachlos stehen. »Siehgst nix?« Sie schüttelte den Kopf mit dem frischfassonierten Velourshut.

»Jetz teans d' Standerln aa scho uniformiern. Markisen müassn hi und so Gankerl. Aber 's Bier machas net billiger.«

»Aber mia gfallt dees prima, mit dene Mar …«» … kisen!«»Mia gfallt dees ausnehmend – fast a bissel französisch.«

»Schnapp ma bloß net über! Französisch! Sie aa kaffts Radi – franzäsisch!« Als ob sich der Himmel über diesen heiligen Zorn auch seinerseits erzürnte, fuhr ein Donnerschlag in seine Rede, und noch einer folgte und noch einer … zwölf Uhr war es.

Da verklärten sich die Gesichtszüge Zirngiebls. Er steuerte, im Strom der Menschenmassen rudernd, der Schottenhamel-Halle zu, um Zeuge der bierologischen Hantierung des Stadtoberhaupts zu werden. Aber ein Ordnungsmann, mit Händen wie Fliegentatscher so groß, quasi ein Flammenschwertengel am Paradieseingang, wehrte ihn den Zutritt ins überfüllte Elysium.

»Sauber!! So weit muaß komma, dass ma einem Bürger seine demokratischen Rechte verweigert«, köppelte er den Livrierten an. Aber schon hatte die Gattin ihren gereizten Begleiter aus der Gefahrenzone dirigiert. »Markisen heraußen – und koa Platz drinna, dees is typisch für unsere Zeit!«

Nachdem aber auch die Landungsversuche im nächsten Bierzelt, vor dem ein kaschierter Löwe preußisch brüllt, und im Winzerer Fähndl mit den vielen flatternden Flaggen missglückt waren, begannen die Handlung und Zirngiebls Groll sich gefährlich zu steigern.

»Herr Nachbar, die schönen Brathendl net übersehgn, butterweich und knusperbraun!«, traf sein Trommelfell der Anruf aus einer Gockerlbraterei. Dazu konnte er unmöglich schweigen: »Dees is eine ausgemachte Gemeinheit, ausgerechnet mir, einem Pensionisten, der dazu noch am Verdursten is, solche Wuchervögel anzubieten!«

Nur einmal auf seiner Suche nach einer der hilfreichen Bierquellen, die ihm aber auch weiterhin wegen Übervölkerung verschlossen blieben, hielt der Enttäuschte an. Er hatte bereits die »Bräurosl«, die automatischen Hackerfiguren, die Augustiner-Bude und das Hofbräuhauszelt passiert, da fesselte ihn ein Kinderkarussell, das sich mitten im Trubel von einer langen Vergangenheit ausruhte.

»Akkrat wia vor sechzg Jahr, und fast am gleichn Platz ham s' dees Karussell da hergstellt«, vermerkte er gerührt. »Als kloana Knirps bin i damals auf an hölzern' Elefantn rumkutschiert, und wias mi runterhebn ham wolln, is' net ganga, wega mein türkischen Honig, wo i draufgsessn war. So guat is damals der türkische Honig gwen! Der hat pappt!«

Ohne Beachtung der Kindereisenbahn, die es seinerzeit noch nicht gegeben hatte, und der Rotunde des »Komet« ging die Irrfahrt durch das aufgewühlte Oktoberfest weiter. Immer wieder überlegte die Gattin, wie man alles noch zum Guten wenden könne. Inzwischen strebte Alois bereits der Freitreppe zur Ruhmeshalle zu.

»Möchst d' Bavaria besteign, weil ma so a schöne Aussicht auf d' Wiesn hat?«, fragte sie besorgt. Er aber würdigte seine Ehegefährtin keines Blickes und fing aufwärtszuschreiten an, weg von eventuell noch vorhandenen Genüssen. Auf halber Höhe blieb er schnaufend stehen. Er schaute fassungslos wehmütig hinab zur festlichen Niederung mit der Wiesn, wie weiland Lot auf das verlorene Sodom.

»I wer' dir was z' trinka holn«, säuselte sie und war plötzlich wie vom Erdboden verschwunden, ehe er noch brummeln konnte: »Mir is alles wurscht!« Zum ersten Mal in seinem harmonisch verlaufenden Leben war diese traditionelle Expedition missglückt; weltschmerzlicher Kummer nagte an seinem treuen Bierherz. Er saß ränkeschmiedend auf den Marmorstufen, als die Gattin verheißungsvoll schmunzelnd neben ihn trat, hinter ihrem Rücken etwas verborgen haltend.

»Alisi, hast Durscht?« Damit reichte sie ihm mit der Linken eine verdächtige Flasche hin, deren limonadiger Inhalt höhnisch perlte. Kreszenz hatte gerade noch Zeit, zu verhindern, dass der Tiefgekränkte die Flasche zerschmetterte. Mit der Rechten zauberte sie einen verborgen gehaltenen Keferloher Masskrug samt leuchtender Schaumkrone hervor.

Verblüfft und zittrig nahm Alois Zirngiebl den Steinkrug in beide Hände, als wäre es der leibhaftige Gralskelch. Er dankte seiner Ehehälfte mit einem unverkennbaren Liebesblick und tauchte seinen

Schnauzbart in den Rahm der Malzmilch, dem herrlichen Fest zu seinen Füßen harte Gedanken abbittend. Seine traurige Miene erhellte sich zusehends. Und es blieb aber nicht bei dieser Rettungsmass allein. Andere folgten in fröhlicher Runde, in die sich nach einer neuerlichen Suchaktion in einer Bierbude zwei Klappstühle hatten einschieben lassen. Und was seit Menschengedenken nicht mehr geschehen war: Er, mit der rauen Schale, gab ihr, die mit ihm lange schon die silberne Hochzeit vertrauert hatte, einen öffentlichen Kuss.

Schließlich fuhr er, den Arm um ihre etwas zu runden Schultern gelegt, glückselig und sehr spät in einem Taxi – man stelle sich vor: in einem Taxi – heim in die Wohnung, wo der Geruch von altem Wirsing ambrosische Verwandlung erfuhr.

Der historische Keferloher Masskrug jedoch steht nunmehr als Erinnerungstrophäe im Wohnzimmer-Buffet der Familie Zirngiebl, ungeachtet der Tatsache, dass es strengstens verboten ist, Wiesnkrüge mitzunehmen.

FRANZ RINGSEIS: Bräustüberlluft

In dem Andechser Gewöibe
is s an jedn Tag dessöibe:
Eigschenkt werd in oaner Tour
von früa neun bis zwanzig Uhr.

An de langa hoizern Tisch
bleibt as Klosterbräu schee frisch.
Weil zum Lackwern hats koa Zeit,
so guat schmeckts de »Pilgersleit«:

Junge Leit, die recht gern plärratn,
wenn s net aussigschmissn weratn.
Ehepaare, brav ergraut,
und a Weib mit brauner Haut,

dee is von de Philippinen,
lasst sie von ihrm Scheich bedienen.
Aa a Schwarze derf net föin –
d Preißn konnst ja eh net zäin.

Doch es taugt genauso guat
dem mim Wurzlseppnhuat,
der mit seine Spezln redt –
aber owa tuat an net.

Und am letztn Tisch im Eck,
fast wia in aram Vasteck,
sitzt a Vor-si-hi-Sinnierer,
lurt hinter seim Krüagl füra.

Jeder arwat an seim Kaas,
der net z lätschert is, net z rass.
Schwoabtn owe mit am Schluck
und geht gern zur Schenkn zruck,

wo die Manner mit da Schürzn
eana eaner »Wallfahrt« würzn.
Freili san die Biertouristn
meistens ziemlich müade Christn.

Aber alle, immerhin,
warn scho in da Kircha drin
und ham gsehgn, wia mir in Bayern
unser Schutzpatronin feiern.

Kostbarer kunnts nirgnds wohna,
wunderbarer nirgnds throna,
ois am Heiligen Berg da drobn,
wo s im Chor die Engerl lobn.

Irgndwia sans alle frömmer,
wenn s ins Stüberl einikemma.
Und dann liegt in Speis und Trank
a weng a Andacht drin und Dank.

# HERBERT SCHNEIDER: Das verführerische Tragl daheim

»Jetzt hab ich schon die zweite Halbe«, sagt der Schwager vorwurfsvoll, »und gestern abend warn's sogar drei. Wie soll ich denn da abnehmen?«

»Indem du weniger trinkst«, meint die Schwägerin, die von der Verführungskraft des Gerstensafts offenbar keine Ahnung hat.

»Im Grund bist an allem bloß du schuld«, meint der Schwager. »Weil du das Bier nicht flaschenweise kaufst wie andere Hausfrauen, sondern einfach gleich im Tragl bringen lässt.«

»Und da kannst du dich dann nicht zurückhalten, du Schwächling, gell? Und drum bin *ich* jetzt das Karnickel!«

»Wenn kein Bier im Haus ist, kann auch keins getrunken werden«, doziert der Schwager.

»Aber wehe, wenn dann wirklich einmal keins daheim ist. Da heißt's dann gleich: ›Zu diesem Essen gehört unbedingt ein Bier, das sollte eine perfekte Hausfrau wissen!‹«

»Zu einem Schweinsbraten oder, was noch öfter vorkommt, einem Blutwurstgröstl kann ich keinen Tee trinken!«

»Können tätst schon, aber mögen tust nicht!«

»Schau«, sagt der Schwager traurig und trinkt sein Krügl aus, »jetzt ist die zweite Halbe auch schon wieder weg. Weißt, was ich jetzt tu?«

»Mineralwasser trinken?«

»Schmarrn! Das dritte Flaschl hol ich mir. Ja, ich geb's zu: Ich bin schwach, aber ich find leider bei dir keinerlei Unterstützung, keinen Halt!«

»Jetzt will ich dir mal was sagen«, meint die Schwägerin. »Du weißt ganz genau, dass ich eine Zeitlang Bier bloß flaschenweise heimgetragen hab. Und was war die Folge? Wenn die erste Halbe weggeputzt war, dann hat's kaum fünf Minuten gedauert, und ich hab zum Wirt rennen können um die zweite. Und manchmal später sogar noch um die dritte. Bin ich vielleicht ein Bier-Sherpa?«

Der Schwager nimmt einen tiefen Schluck. »Das nicht«, sagt er, »aber wenn du das Bier schon aus Bequemlichkeit traglweise kommen lässt, dann solltest du wenigstens mit psychologischen Tricks arbeiten.«

»Soll ich vielleicht Etiketten draufpappen, auf denen ›Apfelsaft‹ steht?«

»Nein, aber verstecken könntest du es. So verstecken, dass ich es nicht find. Und wenn mich wirklich einmal ganz schrecklich dürsten sollte, dann gehst du still hinaus und holst ein Flaschl.«

»Soll ich das Tragl vielleicht in mein Bett unter das Plümo stecken?«

»Nein, da nicht. Da wird es zu warm. Versteck es lieber im Einbauschrank im Gang. Da bleibt es schön frisch.«

»Und du findest es gleich«, höhnt die Schwägerin. »Ich sag dir«, fährt sie fort, »ich kann das Tragl gar nicht so gut verstecken, dass du es nicht doch fändest. Wenn du deinen Durst hast, dann bist du wie ein Bluthund!«

Der Schwager fletscht die Zähne. »Hättest du wenigstens ›wie ein Bierdackel‹ gesagt«, meint er verbittert. Mit hervortretenden Augen stiert er in seinen Krug, der schon wieder leer ist und leckt mit weit heraushängender Zunge ein Restchen Schaum vom Rand.

WER EINEM DAS BIER BRINGT

## Joseph Schlicht: Der Dorfwirt

Unter den vielen braven bayerischen Wirten gibt's auch da und dort einen, der die Weihwasserscheue hat. Und das ist schlimm: um den scharen sich, wie die Geier um ein Aas, die Saufbrüder und schlechten Christen, vertrinken Haus, Hof, Leumund und Sonntagsmesse und nehmen zuletzt gar noch eine rechte Lästerrede ins rauschige Maul. Ein solches Gasthaus gibt's leider Gottes auch bisweilen im katholischen Bayern. Der Gastgeber geht selbst nicht in die Kirche, und während sonntags die ordentlichen Hausväter zum Pfarrer in Amt und Predigt gehen, steigen die liederlichen lachend in dies Gasthaus und sagen gotteslästerisch:»Geht's, geh mar in d' Bräustüblmess!«

Wie den Vogel aus seinem Gefieder, so erkennt man den bayerischen Dorfwirt aus seinen Stubenbildern. Da in dieser lichten reinlichen Wirtsstube am Saum der Hügel siehst du aufgehängt die Geschichte der heiligen Genoveva: etliche vier saubere Tafeln mit rührenden Begebnissen und auferbauliche Sprüchlein. Das ist das christliche Wirtshaus, in welchem kein Unfug geduldet wird. Wie ganz anders dort beim Wirt im Stromtal! Am Ehrenplatz, wo unser lieber Herr sein sollte, hängt die bayerische Rauschtafel, schön eingerahmt und eingeglast und nach ihrem Range aufwärts die sechsundzwanzig Räusche, wie ein jeder heißt und was ein jeder kostet:

| | | | | |
|---|---|---|---|---|
| Spitzl | 24 kr. | Brummer | 1 fl. | 6 kr. |
| Spitz | 27 kr. | Sabel | 1 fl. | 12 kr. |
| Haarbeutel | 30 kr. | Summler | 1 fl. | 18 kr. |
| Aff | 33 kr. | Brand | 1 fl. | 24 kr. |
| Nebel | 36 kr. | Suff | 1 fl. | 30 kr. |
| Dusel | 39 kr. | Rausch | 1 fl. | 36 kr. |
| Hieb | 42 kr. | Fetzenrausch | 1 fl. | 42 kr. |
| Räuscherl | 45 kr. | Ordonnanzrausch | 1 fl. | 48 kr. |
| Duft | 48 kr. | Kanonenrausch | 1 fl. | 54 kr. |
| Sturm | 51 kr. | Eselsrausch | 2 fl. | |
| Zopf | 54 kr. | Bauernrausch | 2 fl. | 12 kr. |
| Tampes | 57 kr. | Viehrausch | 2 fl. | 24 kr. |
| Steftn | 1 fl. | Saurausch | 2 fl. | 42 kr. |

Der Wirt, welcher in seiner Stube die Rauschtafel lieber aufhängt als einen braven Heiligen, ist ein lauer Christ, bei welchem die Bauern leichtsinnig werden, hocken bleiben und allzu schwer trinken. Auch hat er die Glastafel mit der strammen landchristlichen »Wirtshausordnung« flugs von der Wand gehändelt und hinausgeräumt, als ihr letztes Stündl schlug beim Andrang der lockeren Zeit.

Zum Bräu und Wirt geht der Bayer in seiner Freude wie in seiner Not. (…) Der bayerische Bräu kennt seine Bauern. Bei manchem schreibt er die Zeche gar nicht an die Tafel, er weiß sie aus seinem Verhalten. »Wenn der lusti werd, so hat a die neunt Mass; und wenn er amal einnatzt, so hat a seine zwölf Mass in ihm!«, so sagt der Bräu und richtig ist's auch. Als aber zum Kochbauer im Dunkelboden sein Bräu sprach: »Ich kenn dei Inwendiges so guat wie dei Auswendiges!«, da schlug derselbe kopfschüttelnd in den Tisch und sagte mit Nachdruck: »Nöt wahr is, Bräu, mei Sach woaß niamd als i und da Pfarra!«

Was den Bayer an den Wirt und Bräu kettet, das ist eben das Bier. Und schon längst haben gerade die Stammgäste ausgetüpfelt, wie das gute Bier sein muss: es muss erstens einen »Widerwillen« erregen, auf dass du es wieder und immer wieder willst; es muss zweitens einen »Satz« machen, auf dass du bei ihm sitzen und hocken bleibst; und es muss drittens »graweln«, auf dass es dich zuletzt breit in den Straßengraben wirft und viertens muss es jüdisch, d. h. »nicht getauft« sein. Ein alter Spieß und Stammgast im Oberbayerischen pflegte mit seinem ersten Leibschluck den Tropfen zu kiesen. Schmeckte er ihm nicht, so schüttelte er knurrend das Haupt, grinste nach dem Gastgeber und schalt ihm ins Gesicht: »Da Franziskanerbräu wenn sein Fürfleck auswascht, so stellt a damit a besseres Bier her als es ös Bräuer machts!« Im Mainburgischen hat man die bayerischen Biere sogar in drei kräftige Bauernversl gereimt:

Das erste ist ein Bier vom Kern,
Das trinken d' Herrn und d' Frauen gern.
Das zweite ist ein Mittelbier:
Trinkst drei Mass, so pisselst vier.
Das dritte ist ein Plempel,
Der den Bauern d' Hosen z'sprengt: – Andern zum Exempel.

Vom Kernbiere trinkt der Bayer oft seinen Stiefel und geht dann nicht mehr um die hausväterliche Stunde heim zu Weib und Kind. Das setzt ihm häufigen Hauskrieg und weil dieser allemal vom Übel, so braut er heimwegs eine schlaue Kriegslist.

# I bin da Wirt vo Stoa
## (Liedtext)

I bin da Wirt vo Stoa
und sauf mei Bia alloa
wenn so um oans auf d' Nacht
in Stoa scho alles schlaft.
Wenn i dann aufesteig
ins Bett zu meinem Weib
dann draht se alles
um mich herum.
Z'nachst ham'ma Kirchweih ghabt
da hat mei Herz mia glacht
zerst ham'ma gsuffa Bia
aus Eima wia de Stia.
Noch dera Sauferei
hot's gem a Schlägerei
bis dass dann fuchzehn Mann
am Bodn gleng san.
I glaab neamd woaß net wia
es schmeckt so guat des Bia
weil i hob so an Durscht
san mia de Madln wurscht.
Und wenn s' me liab oschaung
und blinzln mit de Aung
dann sog i bloß »gehts zua«
lassts mia mei Ruah.
Und wenns scho sei dann muaß
dass i mei Lem eibuaß
dann schreibts am Friedhofstoa
do flackt da Wirt von Stoa.
Der hot as Bia gern meng
jetzt tuad a nimma lem
doch hät's es Bia net gem
war's aa nix gwen.

## Herbert Schneider: Wie man eine Kellnerin zähmt

Ein Herr sitzt in einem Biergarten. Er hat ein Bierfilzl auf seinen Masskrug gelegt, weil er nicht will, dass ihm die Spatzen von den Kastanien herunter nachschenken. Der Herr gehört noch jenen altmodischen Kreisen an, die ein Klappmesser in der Hosentasche tragen. Dieses Klappmesser holt er jetzt hervor und beginnt damit einen Ranken Emmentaler, der auf einem Stück Papier liegt, in ordentliche Würfel zu schneiden.

Ich muss noch erwähnen, dass ich dieser Herr bin.

Aber offenbar sieht die Kellnerin in mir ein verdächtiges Subjekt. Sie streicht wie eine Hyäne um meinen Tisch und beobachtet mein Treiben mit argwöhnischen Blicken. Wahrscheinlich ist es in diesem heiligen Haine neuerdings verboten, selbermitgebrachten Käse zu essen.

Ich habe um so mehr Grund, die Kellnerin zu scheuen, als ich soeben Zeuge einer Auseinandersetzung am Nachbartisch war. Eine Dame, die in ihrem Dirndlausschnitt eine Brust von vornehmer Blässe zur Debatte stellte, hatte an verschütteten Bierresten der Vorgänger Anstoß genommen und die Kellnerin gebeten, für Sauberkeit zu sorgen. Worauf das alte Fegeisen zornig mit einem feuchten Hadern über die Platte gewischt und dabei die Seidenschürze der Dame besudelt hatte.

Die Dame: Ogott, können Sie denn nicht aufpassen?

Die Kellnerin: Waars d' doch auf d' Seitn gruckt, du Schupfaratz! Brettlbroat am Osch hocka und unsaoans schikanieren, wo san ma denn, ha?

Früher wäre das der Augenblick gewesen, nach dem Geschäftsführer zu rufen, damit er die Missetäterin im Doppelnelson abführe. Seit aber zwanzig Geschäftsführer auf eine Kellnerin kommen, hat es keinen Zweck mehr, und die Dame trug ihren Alabasterbusen empört in ein anderes Service.

Die ganze Gefährlichkeit der Alten zeigte sich in der Art, wie sie daraufhin einen jungen Mann, der in seinem Unverstand eine Halbe Bier verlangt hatte, niedermachte: Deppn gibt's, sagte sie, des gibt's gar net! A Hoibe! Wart doch, du Muadakaiwi, bis d' a Mass vatragst!

In ihrer Raserei achtete sie nicht auf das Hendl, das sie auf einer Platte trug, sodass es ihr auf den Boden fiel. Sie säuberte es oberflächlich mit ihrem Unterrock und brachte es einem Japaner, der es, ohne eine Widerrede zu wagen, mit todtraurigen Augen zu benagen begann.

Jedenfalls wusste ich jetzt, dass ich mich vorsehen musste. Vorsichtshalber stellte ich das Schneiden des Emmentalers ein und machte einen Buckel. Mit aller Wahrscheinlichkeit war ihr Angriff von hinten zu erwarten.

Es dauerte keine zwei Minuten, da schnellt ihre Hand über meine Schulter und versucht, den eingeschleppten Kas an sich zu reißen.

Wie gut, dass ich vor Jahren einmal einen Jiu-Jitsu-Kurs besucht hatte. Blitzschnell greife ich zu und mache den berühmten Überwurf. Da liegt sie nun hingestreckt im Kies und reibt sich verwundert die Augen.

Dann rappelt sie sich hoch, tritt an meinen Stuhl und sagt in der liebenswürdigen Art, wie sie so selten geworden ist: So, Herr, und jetz hol i Eahna an Teller und a Bsteck für Ihrn Emmentaler!

Man muss nur in der richtigen Art mit den Leuten reden, dann stirbt die Münchner Gemütlichkeit niemals aus!


## WEISS FERDL: Die Münchner Kellnerin
### (Liedtext)

Viel Schönes gibt's in München hier,
Was wir nur habn allein.
Nirgends gibt's so gutes Bier,
Das schmeckt so mild und fein.
Und wie wird das hier fein serviert,
Mit einem duftgen Schaum,
Es treibt, es quirlt und moussiert,
Zu bändgen ist es kaum.
Und wer stellt's hin und lächelt süß,
Sagt: »Wohl bekomm's, mein Herr«?
Kein Kellner, überspannt und mies,
Ein Engel schwebt daher.
*Refrain:*
Das ist die Münchner Kellnerin,
In ihrem Reich a Königin,
Gar flink und aufmerksam,
Auch brav und tugendsam.

Und wer sich ihrer Gunst erfreut,
Dem geht es gut wohl jederzeit;
Weh dem, der sie verlorn –
Denn was er bstellt, is gstrichn wordn.

Kommt sie ins Gschäft, is s' fein frisiert,
D' Friseuse kommt ins Haus,
Der Schurz gestärkt und schön plissiert,
Gar sauber schaut sie aus.
Wie sie serviert so graziös,
Und lächelt noch charmant,
Sechs Teller tragt s', wird nicht nervös,
Zehn Glas in einer Hand.
Und schrein die Gäste noch so wild.
Ist der Trubl noch so groß,
Das macht ihr nichts, bleibt ruhig mild,
Und ruft nur freundlich: »Sooß!«
*Refrain:*
Das ist die Münchner Kellnerin,
In ihrem Reich a Königin,
Gar flink und arbeitsam,
Auch brav und tugendsam.
Der Bleistift steckt da drobn im Schopf,
Doch schneller rechnet sie im Kopf,
Wenn sie auch kokettiert –
Die Rechnung stimmt – sie nie sich irrt.

Ein gutes Herz hat s' jederzeit,
Besonders für junge Herrn,
Zu pumpen ist sie auch bereit,
Vergisst's wenn s' will, oft gern,
Und manch Student mit leichtem Sinn
Hätt nie sein Doktor gmacht,
Wenn nicht a Münchner Kellnerin
Ihm oft was z'essn bracht.

Und hat er dann sein Ziel erreicht,
Zog sie sich still zurück.
Und war's für sie auch oft nicht leicht,
Sie wollt nicht störn sein Glück.
*Refrain:*
Das ist die Münchner Kellnerin,
Manch hohem Herrn einst Förderin,
Die's möglich ihm gemacht,
Dass er's zu was gebracht.
Wenn einer hier gar nichts erreicht,
Geh zu 'ra Kellnerin, dann geht's leicht.
Legt sie ein Wörtlein ein,
Dann kommst du überall hinein.

Hat ihr auch mal ihr Herzl klein
Gespielt an bösen Streich,
Und sie mal »Ja« gesagt statt »Nein«,
Verdammt sie nicht sogleich.
Was weiß so'n Bürgerstöchterlein,
Die stets betreut, bewacht,
Was auf a Kellnerin alls stürmt ein,
Wie's Bravsein schwer ihr gmacht.
Hat sie gefehlt, werft keinen Stein,
Wir alle Sünder sind,
Denn sie ernährt und sorgt allein,
Muss sein, auch für ihr Kind.
*Refrain:*
Das ist die Münchner Kellnerin,
Ein gutes Herz, an frohen Sinn,
Gar flink und arbeitsam,
Gewachsen rund und stramm.
Wer sie heimführt als Frauerl klein,
Der wird fürwahr stets glücklich sein,
Sie bleibt ihm treu gewiss,
Weil s' weiß, wie schlecht jeds Mannsbild is!

## Franz Freisleder: Schenkkellners Traum

A Schenkkellner hat
vom Oktoberfest draamt:
Die Wiesn war rundum
mit Autos eigsaamt
und Parkplätz' hat's gebn
in da Näh – riesengroß!
Und drin in sein' Bierzelt
war allerhand los.
Die Leit ham si dicht
an sein' Schanktisch hidruckt,
und kaum war a Spritzer im Kruag,
ham s' scho 'zuckt.
Gschrian hat jeder:
»Glangt scho, den Rest kannst da sparn
– i muass ja danach no
mit'm Auto hoamfahrn!«
Des waar da a Gschäft worn no
in dera Nacht!
Doch hat nach drei Krüag
vor seim' Haus drauß was 'kracht.
Z'erscht hat er eahm gstunga,
doch bald denkt er froh:
I woaß ja – schlecht eischenga
konn i aa so …

## Hedi Heres: »Kellnerin schenk ein …«

Die schöne …

Da reist vor gut 200 Jahren ein Berliner Buchhändler, Friedrich Nicolai, durch unsere Lande, berichtet von den Eindrücken speziell in München aus der Sicht des typischen Aufklärers, kritisch, respektlos, findet das meiste hier hinterwäldlerisch, hoffnungslos altmodisch und muss dennoch zugeben, die Kellnerinnen auf den Gasthöfen trügen »eine bayerische Nationaltracht, die nicht übel stehet: Die kleine, runde Mütze breit mit Gold besetzt, die Brust in ein sehr breites und steifes Mieder geschnürt, welches vorne offen und mit reichem Stoff belegt ist, über welche Öffnung denn von oben bis unten silberne Ketten gezogen werden«. Ausgerechnet er, der an allem etwas auszusetzen hat, kommt zu dem Ergebnis, die Wirte »studierten hier drauf, schöne Kellnerinnen zu haben …«

Der Ruf ihrer Schönheit hält sich über Jahrzehnte, ja manifestiert sich geradezu in den Reiseberichten fremder Besucher. Es tauchen darin vornehmlich nur zwei Domänen des weiblichen Geschlechts auf: Die der Sennerin und der Kellnerin, zweier an sich harter Dienstleistungsberufe, die jedoch beide von romantisierenden Vorstellungen förmlich verklärt erscheinen. Der Brandenburger Gutsherr Gercken kommt in seinen Erinnerungen vollends ins Schwärmen: »Alle Gasthöfe in Bayern werden durch Kellnerinnen bedienet, wozu man die schönsten Mädchen aussucht aus Ursachen, die jeder gleich erraten wird. Die Geschöpfe verstehen vorzüglich sich reizend zu putzen. Das stark ausgerundete und hervorstehende Schnürleibchen ist mit silbernen Ketten, so mit vielen kleinen Rosen gezieret, ganz bezogen. In diesem aufgeputzten Behältnisse ist dem lüsternen Blicke nichts entzogen, was die gütige Natur, die das baierische Frauenzimmer überhaupt nicht stiefmütterlich behandelt, reichlich gegeben hat!«

Selbst der Dichter Ernst Moritz Arndt achtet in München mehr auf das Mieder, als auf das Mittagessen: »Oh es ist unbeschreiblich, was ein schönes Weib vermag. Dieses macht uns die ungeheure Zeche, den Regen, Sturm und alles vergessen!«

Eine »eigentümliche Schönheit« wäre es, vermeldet auch der Schreiber des »Morgenblatts für gebildete Leser«, anno 1848, »kleiner bäurisch-üppiger Körperbau, damit auffallend kontrastierend eine seltene Feinheit der Gesichtsfarbe, die schönen Wimpern und Augenbrauen: Ich sah vollendete Schönheit vor mir!«

Das zierliche, kecke Riegelhäubchen, das immer wieder erwähnte sinnliche Mieder … jedem Fremden, der nach München kommt, begegnen sie zuerst, mag er im Gasthof absteigen oder ins Kaffeehaus treten. »Nationalhäubchen der baierischen Schönen« nannte man es, gab ihm sogar den Vorzug vor den Wiener, Linzer und Passauer Goldhauben. In den »Nationalkostümen des Königreichs Bayern« stellt Felix Joseph Freiherr von Lipowsky die Münchner Kellnerin festlich gekleidet, aber auch im Werktagsgewand aus Kattun oder färbigem Leinenzeug vor. »In den Röcken führen sie keine Seitentaschen«, schreibt er dazu, »um den schlanken Wuchs nicht zu verbergen, daher sie ihre nötigsten Sachen in einem Schlussbeutel, Ridicule genannt, bei sich führen.«

Die freundliche …

Doch macht sie scheint's nicht nur die Schönheit zu solch umschwärmten Wesen, die Kellnerinnen. Felix von Schiller preist in seinem 1843 erschienenen »Büchlein über München«, wie schnell und anmutig sie sich unter den vielen Gästen bewegten und – was eine langjährige Erfahrung hier offenbar gelehrt habe – dass sie ihr Geschäft ungleich rascher, gewandter und umsichtiger vollführten, als es jemals von männlicher Aufwartung geschehe. Auch liege wohl ein begründeter Vorteil der Gastgeber in dieser Einrichtung, da sich jeder Gast lieber von einem freundlichen Mädchen bedient sehe, als von einem Ansprüche stellenden Kellner!

> »Soll ein Trunk uns wahrhaft netzen,
> und erfreuen Herz und Sinn,
> muss ihn auf die Tafel setzen,
> eine hübsche Kellnerin …«

Verse aus der Feder des ebenso heiteren wie tiefsinnigen Dichters Melchior Meyr – und doch tut's Schönheit nicht allein! Wenn vom zauberhaften, gleichsam magnetischen oder hypnotischen Einfluss der Holden und Vielbewährten auf die Männerwelt gesprochen wird, so findet sich gar bald das Argument ihrer besonderen Höflichkeit.

Der Weltreisende Ignaz Gustav Kohl notiert 1842, wie sehr ihm hier das häufig gebrauchte Wort »mit Verlaub« oder »wünschen eine geruhsame Nacht« gefallen habe. Er spricht von geradezu raffinierter Höflichkeit, die um die Erlaubnis bäte, ihre Arbeit verrichten zu dürfen. Dazu gesellt sich eine weitere Gabe, die der Bayer allgemein mit »Gemüt« umschreibt: »Die Kellnerin widmet sich teilnahmsvoll den Sorgen und Herzensbedürfnissen ihrer Gäste. So mancher ältere Herr, der sich zu Hause bei seiner zänkischen oder gleichgültigen Ehehälfte nicht aussprechen konnte oder nicht wollte, trug sein übervolles Herz wohl zur Zenzi an den Stammtisch und beichtete ihr. Er blieb noch sitzen, wenn die ›Spezies‹ nach dem vollendeten Tarock aufgebrochen waren, trank noch eine Mass und öffnete die Schleusen seiner kleinen Sorgen und Kümmernisse!«

So gibt Georg Jakob Wolf in seinem Band »Die Münchnerinnen« das Gemüt einer Zenzi wieder, die auch herzliches Bedauern mit ihrem Herrn entwickelte und, wenn sie es vermochte, auch gern mit einem praktischen Rat an die Hand ging.

### Die gescheite …

Von einer Kellnerin verlangte man auch, dass sie gescheit war. Das vielzitierte »begnadete Mundwerk« wirkte nur in Verbindung mit einer gewissen Eloquenz und diese stammte wiederum aus dem Umgang mit Leuten, Reisenden aus allen Berufsständen und aller Herren Länder. Die Fremden auszufragen galt als ihr gutes Recht – die Neugierde der Kellnerinnen war sprichwörtlich – das angesammelte Wissen machte gesprächig.

»Was sind Kellnerinnen?«, fragt August Lewald, der weitgereiste Münchner Publizist und Theatermann vor 180 Jahren - »Grisetten? Halb und halb – ihrer Funktion nach – aber eine Grisette ins Altbairische übersetzt. Sie besitzen Bildung und Menschenkenntnis.« »Ich wünsche Ihnen einen recht vergnügten Abend« ist die gewöhnlich kürzeste Anrede, die eine Münchner Kellnerin für ganz uninteressante, wildfremde Leute stets in petto hat. Sagt man, dass man ein Glas Bier wünsche und fügt »schönes Kind« hinzu, so erwidert sie gleich: »Ja, wer so schön wäre wie Sie, mein schöner Herr!« und lächelt oder lacht dabei. Dann entfernt sie sich, damit es nicht heißen soll, sie dränge sich den Gästen auf. Und geht man weg, so ruft sie einem jeden nach: »Ich wünsche einen recht vergnügten Abend, kommen S' bald wieder!« Diese Aufnahme erfährt jeder – was aber hat der Glückliche zu gewärtigen, dessen Wiege nicht weit von der Isar gestanden! Welch ungeahnte Freuden entfalten sich für ihn.

Ludwig Steub, der nicht weniger weitgereiste Altbaier, gibt sich in seinem Bändchen »Die Rose der Sewi« ganz der schwärmerischen Verehrung einer »Herrnkellnerin« hin, einer Tirolerischen – zugegeben –, aber der nachbarliche Unterschied dürfte im vorvorigen Jahrhundert gering gewesen sein: »Eine Herrnkellnerin hat bekanntlich nur im Herrnstübl aufzuwarten und geht somit nur mit gebildeten Gästen um, einmal den Reisenden und Wanderern, die aus der Ferne kommen, also mit geistlichen Herrn, den Beamten und anderen angesehenen Leuten.« Steub meint sogar, bevor es in der Nähe von Hall Erziehungsanstalten für die Töchter besserer Leute gegeben habe, wären die Kellnerinnen mit ihren »holden, lieblichen Manieren« die ersten und einzigen Trägerinnen der eingeborenen Grazie gewesen: »Die natürliche Anlage, die selten fehle, die Gelegenheit, mit Menschenkindern jeder Gattung umzugehen, die heitere, scherzende Art, die dieser Umgang mit sich brachte, die Aufgabe, mit aller Welt freundlich zu sein und sich doch nichts zu vergeben, alles dies half zusammen, um Schliff und Anmut, Witz und Schalkhaftigkeit dieser Mädchen dermaßen zu entwickeln und auszubilden, dass sie die ebenso tugendhaften, aber schwerfälligen Jungfrauen des höheren Bürger-, Beamten- und Ritterstandes weit überstrahlten.«

### Die sittsame …

Nicht nur in Tirol, auch in München galten Kellnerinnen um die Mitte des 19. Jahrhunderts als gesucht Partnerinnen und »gingen reißend weg«! Nach der Kunstreiterin wird die Kellnerin am meisten zur Ehe begehrt und auf je eine mit Ach und Krach unter die Haube gebrachte Beamtentochter gehen 10 Kellnerinnen!

Fröhlichkeit, Lebenslust, das gleichsam immer Feiertägliche des süddeutschen Menschenschlages an sich, gepaart mit der Höflichkeit des Herzens und einer köstlichen Naivität hat bestechende Wirkung auf die Männerwelt!

Natürlich, meint G. J. Wolf in seinem Band »Die Münchnerin«, hätte es auch unter den Kellnerinnen schon immer »leichte Fliegen« gegeben, aber es wäre dies nicht eine Auswirkung des Berufs, wenn sie »leichter Sitten« und so Beute unternehmender Mädchenjäger würden! Ebenso gut könne man dies von jeder in einem von der Familie unabhängigen, Bewegungsfreiheit gewährenden Beruf stehenden jungen Frau sagen. Der Normalfall wäre die modeste und zugleich gesprächige, die resche, tüchtige, brave, liebenswürdige Kellnerin, die es nicht nötig hat, zudringlich zu sein, sondern genug damit zu tun hat, sich Zudringlichkeiten vom Hals zu halten!

### Die fürsorgliche …

Auch wenn die Kellnerin in die Jahre kam, nach G. J. Wolf »ins kanonische Alter«, so hielten ihre Reize mit ihren Jahren tapfer Schritt.

»Blendete die Kathi, die Mari oder die Agath nicht mehr durch äußere Reize, oder Eleganz, so genoss man jetzt an ihr den Ton fraulicher Ehrbarkeit und Fürsorge. Sie brachte – eine nicht minder geschätzte Eigenschaft – den vitalsten Interessen ihrer Gäste tiefstes Verständnis entgegen, das will sagen, sie sorgte aufs angelegentlichste für ihre Schutzbefohlenen. Sie wusste, was jeder gerne aß, sie war unterrichtet, wie er seinen Rostbraten wollte und sie hatte in der Küche erspäht, was nicht auf der Speisekarte stand, aber als ›Spezialität‹ zu empfehlen war. Kurz, sie hatte sich das Sprichwort ›die Liebe geht durch den Magen‹ für ihre Zwecke zurechtgebogen, und indem sie den Magen der Stammgäste zu ihrem Gott machte, siegte sie.

Das Herz, ach das liebe, gute, dumme eigene Herz durfte, wenn sie in ihrem Berufe siegen wollte, erst lange nach dem Magen ihrer Kundschaft sein Recht beanspruchen.«

## Die vielbeschäftigte …

Man sollte die Kirche beim Dorf lassen und das Wirtshaus daneben … Wir machen uns heute keine rechte Vorstellung mehr von der ungeheuren Zahl der Wirtshäuser, die einstmals unser bayerisches Land kennzeichneten. Die Zahl der damaligen Gastwirtschaften allein in München und seiner Umgebung übersteigt alle Vorstellungen! Dazu kamen die vielen Dämmerschoppen, Kegelpartien, die man regelmäßig besuchte und dann vor allem zur Sommerszeit, die wahre Leidenschaft aller Münchner, aber auch der Bewohner der übrigen größeren bayerischen Städte, der Besuch der zahlreichen »Keller«.

## … auf dem Oktoberfest

Für die Kellnerin brachte es in seinen Anfängen noch keine Einsatzmöglichkeit, denn zu Pferderennen und Auffahrt der hohen Gäste trugen die Frauen im Henkelkorb die eigene Brotzeit mit. Höchstens Standlfrauen, die Obst und Backwerk feilboten, später Käskäufler, Nuss- und Radiweiber sind verbürgt. Auf einfache Garküchen folgten bald Hühner- und Fischbratereien, doch erst ab 1840 tauchen Bierbuden auf, die sich mit heutigen allerdings nicht vergleichen lassen. Die 18 Festwirte um 1860 verpflichteten noch keine Kellnerinnen. Als 1898 Schorschi Lang die erste große Zelthalle erbauen ließ, beschäftigte er schon – neben 40 Mann Hauskapelle – 140 Kellnerinnen und Schankleute.

Die grantige …

Die Gewohnheit regelmäßig auszugehen, die ständige Zunahme an Festivitäten – Fasching, Salvator, Bock, Oktoberfest – sie brachten es mit sich, dass die vermehrten und vergrößerten Gastbetriebe es gelegentlich an Sorgfalt bei der Auswahl des Personals fehlen ließen. Als eine Zeitungsreporterin um 1900 die Stirn hatte, Münchner Kellnerinnenverhältnisse einer Kritik zu unterziehen, ging ein Sturm, der Entrüstung los!

Die heutige …

Schätzen wir zwar heute im First-class-Restaurant den Service eines geschulten, fachkundigen Obers, im Wirtshaus kann er die resche, tüchtige, redselige Kellnerin nicht ersetzen. Eine hilfsbereite, den Gast umsorgende Resi, Zenzi oder Lisi ist und bleibt die Seele bayerischer Wirtshäuslichkeit, ob sie nun im übertragenen Alter ein paar überflüssige Pfunde heranwuchtet oder leichtfüßig daherschwebt. In ihrem Maßhalten zwischen Vertraulichkeit und ehrbarem Abstand, in ihrem Verständnis für den Gemütszustand und die Gelüste ihres Gastes ist sie die Verkörperung der bayerischen Gastlichkeit schlechthin.

## Wugg Retzer: Ein Lebehoch der Wiesnkellnerin

Erschallt beim Jubiläumsfeste wieder
mit tausend Zungen, aufgetaut in Bier,
für Wiesnwirte, Bauern, Schützenbrüder,
durch München hin der Chor der Lobeslieder,
dann, muss ich offen sagen, stinkt er mir.
Dann weihe ich allein in stillem Sinn
ein Lebehoch der Wiesnkellnerin.

Wer bricht mit einem Schild aus vollen Massen
im Volksgetümmel sich zu dir die Bahn?
Wer wird, wo Millionen Fremde prassen,
den braven Bayern nie verdursten lassen?
Wer bringt das Hendl und die Wurst heran?
Die Wiesnfreude wäre längst schon hin,
gäb's keine Münchner Wiesnkellnerin.

Sie prangt nicht mehr in holder Mädchenblüte,
doch bringt sie manchen Gockel noch zur Balz,
hat Holz vorm Hütterl und dahinter Güte
und neben ihrem friedlichen Gemüte
ein resches Mundwerk und ein Irxenschmalz.
Sie strahlt vor Glück, wenn jedes trinkt und isst.
O schnöder Undank, wo ihr das vergisst!

Gedenkst du aber, sie zu honorieren,
als Fremdling oder Bürger unsrer Stadt,
dann brauchst du sie nicht krampfhaft zu hofieren
und sollst ihr auch kein Wiesnherz spendieren,
weil sie das bare Geld viel lieber hat.
Dann reib ein Extratrinkgeld dankbar hin
als Lebehoch der Wiesnkellnerin.

### Hanns Vogel: Münchner Bierführer-Gstanzl

Tean ma mal in d' Händ neischbeim
Und mit Fassl keglscheibn,
Lass ma d' Irxn hupfa,
Und zwoa Hekto lupfa!

Herrgottsakra, mir ham Schmalz
Wia der Birkhoh in der Balz.
Und de Stiefe glanzn
Und die Banzn tanzn.

Und de Schnurrn ghört auffigwichst
Unseroana, Büaberl, siehgst,
Bringt in München 's Bier,
Auf geht's, mir san mir!

's Hüatl ham ma hint im Gnack,
Westn tragn ma statt an Frack,
Und a Bitschn braucht a Mo –
Jetza, Simmerl – zapf ma o!

## Hanns Vogel: »Öha, brrr!«, hat der Bierführer Simmerl gsagt

Ums Eck gleich bei der Wirtskuchel, wo sich die alltägliche Speiskarte schon mit der Nasen erraten ließ, hatte der Stammtisch »Die Sesshaften« seine Nische. Hier scharten sie sich zu einem souveränen Diskurs um die kreisrunde Platte. Immer noch hatte einer von den Spezeln Platz, wenn er als Nachzügler seinen Stuhl herrückte. Überhalb der rauchgebeizten Holztäfelung, im Glaskasten an der Wand, gaben das Seidenpanier des Haserervereins mit der eingestickten Weisheit »Gut Zucht – gut Wurf« und die schneidig ausgerichteten Siegerpokale der Zimmerschützen eine weltweite Kulisse ab.

Sobald sich dann der Mannsbilder-Disput an den Vetschinias und Tabakspfeifen festgesuzzelt hatte, klapperten ermunternd die servierten Kartenschüsserln den Auftakt zum Schaffkopfen, wo die Kiebitze genau so eisern mithielten wie die Spieler selber.

Und so war es auch heut. »Geh, Simmerl, heb ab!«, bot großzügig der Hackelberger Korbinian, der ein gutgehendes Zigarrenstanderl besaß, seinem Gegenüber den Vortritt an. »Naa, i mag heut net – mia is net danach – zum Spuin!«, lehnte der Simmerl das Angebot ab. »Ja, geh weiter! Warum lasst'n dein Schnauzbart gar a so trauri hänga. San dir vielleicht deine Brauross mit de vollen Fasseln durchbrennt?«

Der Simmerl, der Bierführer, den das halbe Stadtviertel kannte, schnupfte zuerst einmal auf, bevor er sich auf eine Antwort einließ: »Net weit fehlgratn, net weit – wanns aa a bissl anders is.« Die »Sesshaften« schauten gespannt auf ihren Tischgenossen. »Abschied hab i nehma müassn vo meine zwoa Grau-Schimmin – Abschied für ewige Zeiten, weil … weil i halt selber scho a Grau-Schimmi bin …«

»Na derf ma ja graddalieren, zum wohlverdienten Ruhestand!«, ließ sich der Pensionist Fürlbeck vernehmen. Der Simmerl machte einen profunden Schluck aus seinem Stamm-Krügl: »Is net so leicht, dees Furtgeh, bal ma sei Lebtag lang an Malzgruch um d' Nasn ghabt hat. Vor deiner an der Deichsel de zwoa Wallach, an Viktor und an Vinzenz, du selber auf der Höh am Kutschbock und hinter deiner in de Banzen as Hopfensafterl. Mei Liaber, da kimmst dir wia a Regent vor! Brauchst bloß ganz leicht mit der Zunga schnalzn, na trappelns dahi übers Pflaster. Ja, mia ham uns scho recht zusammagwohnt ghabt, mia drei.«

»Aber im Winter, werds dir d'Zeha aufbogn ham, auf deim zugigen Platzerl!«, gab der Schneidermeister Haslbeck seinen Senf drein.

»Mei, hat jede Zeit aa ihra Guats. Bals fest gwachelt hat und der Schnee fuaßtiaf glegn is, waren mia grad extra auf der Roas. Woaßt scho, wann der Viktor und der Vinzenz net so freigebi gwen waarn, na hättn de arma Spatzn verhungern müaßn!« In das zustimmende Lachen der Stammtischler hinein verzählte der Simmerl weiter. Denn jetzt war er, obwohl sonst gar nicht so gesprächig, schon einmal drin im Reden: »Überhaupts – de Ross! Brauchst as bloß oschaugn, was für an Brustkorb ham, da steckt a Irxenschmalz drinn. Und fressen grad an Habern, a Gsod und a Heu und koa stinkerts Benzin. Bloß oamal is ma der Vinzenz – dees war a bsonders Gschleckerter – über an Masskruag kemma, mit Märzenbier; as Gwöhnliche hat er net mögn!«

Mit einem Blinzler hinüber zum Feichtenbichler, der sich niemals auf mehr als zwei Halbe Einfaches verstieg, warf der Hackelberger ein: »Ma mecherts net für mögli halten, wia gscheit so a Viech sei ko. Da kannt si mancher Mensch a Beispiel dro nehma!« Der Feichtenbichler aber tat, als ob er den Seitenhieb nicht spannert, und der Simmerl packte immer eifriger aus:

»In aller Früah, wenn i zum Stall ganga bin, hams scho eahnerne Wascheln gstellt und umgschaugt und Guat Morgn gsagt – gwiehert halt! Na is der Schönheitssalon drokemma: sauber gestriegelt und abkartätscht hab i s', dass ganz glanzert worn san. Denn a reinlichs Bier braucht saubere Ross. Aber heutzutag lasst ma eahna ja kaum mehr a Recht auf der Straß. Wia i ganga bin heut, hab i's eahna ins Ohrwaschl gsagt, ganz staad, dass nimma gmüatlich is auf der bucklign Welt. Und alle Zwoa ham mitn Kopf gnickt, ham si an meiner Schulter griebn und ham ma d'Händ abgschleckt. – Ham vielleicht aa drodenkt, dass mia im Herbst, grad um die Zeit wia jetzt, im Festgwand auf d'Wiesn nauskutschiert san, vierspanni, versteht si, der Rappen Thomas und der Bräundl Gangerl waren aa dabei. Dees hams fei genau gmerkt, de gwürfelten Heiter. Wenns mi'm Messingbschläg und de Schwungreama dahiganga is, kling, kling-kling, kling, kling-kling, hams eahna Gnack mit der Flachsmähna stolz in d'Höh gworfa. Ja, und jetzt hats ausklingelt für mi und für meine Ross. De san nämli aa ins kanonische Alter kumma und werdn aufs Gnadenbrot gsetzt. – Eja, net amal an Abschiedsfahrt auf d'Wiesn naus hats uns mehr glittn mitanand.«

Ein breites Schweigen hatte sich über den Stammtisch gelegt, nur das Tropfen vom undichten Wasserhahn drang aus der Wirtshauskuchel. Da schraubte sich der Simmerl langsam von seinem Platz empor. Kerzengrad stand er hingepflanzt wie dazumal als Rekrut beim Leibregiment. Ein großer Entschluss quoll aus den Tiefen seiner Seele: »Beim heiligen Gambrinus, Leut, dees waar a schwaare Unterlassung. Drum werds nachgholt, müaß ma scho no rechtschaffen Pfüad God zum Oktoberfest sagn. Jawoi, und in dera Stund no werds gschehgn. – Und neamd soll dabei sei wia ös, meine besten Freund!«

So klirrte es spät nach Mitternacht hinunter über das Hackerbergl und hinein in die schlafende Wiesn. In weihevollem Schweigen rollte die Menschen-Fracht an den erloschenen Wirtsbuden vorbei, schwenkte zur Fischer-Vroni und zum Hippodrom ein, verhielt an den Stufen der Bavaria und bei sonstigen altvertrauten Bekanntschaften. Jedes Mal nickte der Bierführer Simmerl seinen tiefgerührten Spezeln hinten auf der Wagenbrücke vielsagend zu.

Als sie die Reiben wieder heimwärts genommen hatten und bevor sie auseinandergingen, übersah keiner, den Rössern die Nase zu kraulen oder den Hinterbacken zu tätscheln. »Jetzt, Leut, werds versteh, warum i heut zu koan Schaffkopf net aufglegt gwen bin!«, fand der pensionierte Braukutscher das Schlusswort. Zu guter Letzt verschwand das im Mondlicht blitzende Gespann polternd im Brauerei-Hof.

Nach einem »Öha, brr!« wurde es mucksmäuserlstaad.

JOSEPH MARIA LUTZ: Münchner Bierpferde

Sie ziehen nicht, wie andre Pferde sich
demütig in die Last des Zugs bequemen –
nein, ihnen ist es feierliches Nehmen,
Ruf und Berufung, groß und königlich.
Sie sind auch nicht des leichtgeschirrten Schlags,
der seinen Reiter trägt in müßiger Fron,
dumm-zierlich tänzelnd, denn er ist Baron,
und – abwirft eines schlechtgelaunten Tags.
Kühl und besonnen ist ihr schweres Blut
und köstlich ruhig, wie der braune Saft,
der hinter ihnen auf dem Wagen ruht
und den sie ziehn mit stillbedachter Kraft.
Sie kennen nicht die böse Leidenschaft,
ihr Aug' ist sorgend, väterlich und gut.

# WAS DAS BIER MIT EINEM MACHT

# WILHELM DIESS: Die ungastliche Wirtschaft

Es war 1911, eine Woche vor Kirchweih. Ich bin am Samstag von Murnau über die Kaseralm auf den Heimgarten und zu einem Dorf am Fuß der Kiste abgestiegen. Nachmittags um 4 Uhr bin ich in der Wirtschaft angekommen. Ich hab mir ein Stück Käs geben lassen und ein Glas Bier. Es war eine schöne altbayerische Wirtsstube, geräumig, nicht sehr voll mit Tischen und Bänken, aber alles blitzsauber, die Ahornplatten der Tische weiß gescheuert. Ich habe mich verhalten, obwohl ich noch den Fußmarsch nach Murnau vor mir hatte, und gerade, als ich zahlen wollte, sind zwölf Holzknechte gekommen, große Lackeln, haben ihre Hacken, Sapie, Ketten, kurz ihr ganzes Zeug in die Ecke geschmissen, sich herüben und drüben an den langen Mitteltisch gesetzt und nichts geredet. Jeder hat seine Mass Bier gekriegt und seine Brotzeit verzehrt. Ich habe fortgehen wollen, aber der Wirt ist mir nicht hergegangen. Inzwischen sind die Holzknechte mit dem Essen fertig geworden. Da steht einer auf und haut, ohne ein Wort zu sagen, seinen Masskrug einem auf der anderen Tischseite an den Kopf. Alle rumpeln in die Höhe, der Tisch fliegt um, und im Nu ist eine Rauferei im Gange. Mich geht die Geschichte nichts an, ich bin müde und will weiter, und überhaupt hat man den Eindruck, es ist besser, man lässt die Holzknechte unter sich, obwohl eine Rauferei schon was Schönes ist. Ich steh auf und will an dem wild bewegten Knäuel vorbei zur Türe. Es geht schwer, und plötzlich hat mich einer mit harter Hand hinten am Kragen – ich kenne den bösen Griff, es gibt keine wirksame Abwehr gegen ihn, man hat Mühe, Luft zu bekommen. Ich versuche, mich zu befreien und erhalte einen Schlag auf den Kopf. Als ich noch einen Hieb bekomme, obwohl ich dem Manne hinter mir gar kein Leid zufüge, werde ich langsam warm. Nach rückwärts zu schlagen, misslingt. Aber vor mir habe ich die Möglichkeit; so setze ich einem Holzknecht, mit dem ich an sich nichts zu tun habe, die Faust nach Kräften auf die Nase. Das tut nun meinem Manne keinen Abbruch, hat aber die Wirkung, dass der andere auf mich aufmerksam wird, von seinem Gegner ablässt und sich mir zuwendet. Der weitere Verlauf ist sehr stürmisch geworden. Wir haben uns ruckweise zur Türe hinbewegt – diese allgemeine Richtung zu bestimmen, ist das einzige gewesen, was ich ausrichten konnte.

Schließlich sind wir mit Schwung an die Türe geflogen, unter Scherbengeklirr und Holzgekrach sind wir über die steinernen Staffeln auf die Straße gekugelt. Dort haben sich die Griffe wie von selber gelöst, wir sind aufgestanden, haben uns abgebeutelt und haben uns wortlos getrennt. Die beiden Holzknechte sind in die dumpf widerhallende Wirtschaft zurück, ich aber bin ohne Hut und Stock, und ohne die Zeche bezahlt zu haben, auf den Weg nach Murnau.

Meine Gedanken haben sich zuerst, reichlich ungeordnet, noch mit der ungastlichen Stätte befasst, aber bald hat mein Schädel so gebrummt, dass ich wie im Traum dahingewandert bin.

Nach einiger Zeit merke ich, dass eine Stimme neben mir ist. Da sie nicht zur Ruhe kommt, wende ich mühsam den Kopf und sehe einen alten Bauern an meiner Seite.

»Ham's di ghaut in der Wirtschaft?«

»Ja, san scho oft recht grob, d' Leut.«

»Warum ham's di nacha gar a so ghaut?«

Ich sage ihm, dass ich das nicht weiß.

»Ja, wie's oft geht.«

Später bemerkt er:

»Deswegen musst dir nichts denka. Das nächste Mal geht's wieder anders, da haust as du.«

Mit diesem Trost bin ich weiter marschiert und spät nach Murnau in mein Bett gekommen, das ich mehrere Tage nicht verlassen konnte.

Nach langer Zeit hat mich einmal in Murnau ein alter Bauer, den ich nicht kannte, vertraulich angeredet. »Kennst mi net? Ich kenn di scho. Du bist doch der Herr, dens amal da drent a so ghaut ham. So was vergisst ma net.«

Er hat recht gehabt. Ich hab's nicht vergessen.


ÖDÖN VON HORVÁTH: Eine Starkbier-Bilanz
(Auszug aus dem Romanfragment »Charlotte«)


Es waren drei Wochen vergangen, seit dieser Redoute, der Fasching war aus, die Starkbiersaison begann, München flaggte zum Nationalfeiertag und es gab zwei Wochen hindurch täglich fünf- bis sechstausend Betrunkene. Die Straßenbahnen konnten nicht weiterfahren, weil sich die Leute auf den Schienen auszogen, es wurden im ganzen zweiundzwanzig Leute erstochen, darunter zweiundzwanzig Norddeutsche, drei erschossen, einer hat sich selbst erschossen, aus lauter Gemütlichkeit. Die Leute standen von den Tischen nicht mehr auf, kotzten daneben hin, sangen: Deutschland, Deutschland, über alles, versicherten im Chor, dass es nur ein Loisachtal gibt und frugen sich gegenseitig, ob sie auch das Tal im »Alpenglühen« kennen, Bayrischzell und die Alpenkönigin Edelweiß. Drei Frauen und neun Männer wurden vergewaltigt und siebzehntausendzweiundzwanzig Ehen gebrochen und ungefähr dasselbe fast gebrochen. Vornehme Damen traten einfach heraus und pissten auf die Straße, die Schutzmänner hatten anstrengenden Dienst. In einer Bierbude saßen zehn Männer um einen Tisch. Der eine wollte sich den Mantel holen, sah aber, dass er gestohlen war, sprang auf den Tisch und schrie: »Damit ihr seht, wie ich mir das zu Herzen nehme, erschieß ich mich«, und zog einen Revolver und erschoss sich. Fiel tot über den Tisch, an dem sein Bruder saß, der sagte nur: »Is dös aba a Witz, jetzt derschießt si der wegn an Mantl.« Das Blut rann mit dem Bier zusammen und die Ordner schafften die Leiche aus dem Saale. Es war sehr gemütlich. An Alkoholvergiftung erkrankten dreißig Personen, eine Frau wurde bewusstlos in das Krankenhaus gebracht. Ein würdiger alter Herr mit Bismarckblick stieg am Marienplatz ein und fiel mit seinem langen weißen Bart um. Alles bemühte sich um den Patriarchen, als er zu sich kam, spie er den Wagen voll, der gute alte Herr, und rülpste nach Bier und Rettich. »Herzlichen Dank, meine Herren!«, sagte er und fiel aus der Straßenbahn. Die Sanitäter brachten ihn mit einem komplizierten Oberschenkelbruch in das Krankenhaus. Er starb dort, der Arme, am Säuferwahn.

Sein Delirium: Kleine Kinder bekamen Bier eingeflößt, die Brust der Münchner Mutter hatte Bier statt Milch, und in den Kirchen verwandelte sich Bier in das Blut des Nazareners. Die ganze Stadt war ein Bierkeller, es gründete sich ein Verein gegen das schlechte Einschenken, der stellte den Ministerpräsidenten, und man vergaß das Vaterland, es hieß statt Bayern und Pfalz, Hopfen und Malz, Gott erhalt's!

Und während der Arme am Säuferwahn starb, kam der Vater Charlottes nach Hause. Am Hute trug er Tannenreis. Er legte sich zu Bett.

Der angestammte König, Otto von Wittelsbach, war verrückt und infolgedessen regierte der Prinzregent Luitpold, den die Welt von den Briefmarken her kennt. Er unterstützte die Künstler, ging auf die Ateliers, ging auf die Gemsjagd und Wilhelm der Zweite war ihm höchst unsympathisch. Er war schon ein alter Herr, rauchte schwere Zigarren und war allseits beliebt, denn er störte nirgends, wo er hinkam. Er sah dekorativ aus, und der Bayer liebt das Kunstgewerbe.

Die Münchener Bürger kümmerten sich nicht um Politik, und ihr ererbter Liberalismus äußerte sich nicht im Freihandel, sondern in einer Duldsamkeit gegen den Rausch, die Besoffenen. Freie Bahn dem Besoffenen, das war die Parole.

## Franz Stelzhamer: Beim Maibock

Es war im Jahre 1835, in den vordersten Frühlingstagen, als ich auf meinem eigentlich ersten, größeren Spazier- und Fremdegang durch die bayerischen Gauen, von Eichstätt herüber nach München gewandert kam. Mein damals einziger Bekannte und frühere Studiengenosse, der aber bereits eine Staats-Central-Behörde vorstellte, that mir neben anderen Freundlichkeiten auch die an, dass er mich am 1. Mai in den Bockkeller führte.

Ich war dazumal noch eine fast vollkommene, rührende Bierunschuld und glaubte dem übermäßigen Doktor, dass man von diesem »entsetzlich starken« Gebräude nur höchstens 1 Stutzen (becherförmiges Trinkglas) trinken dürfe. Aber, in Wahrheit gestanden, ich fühlte schon damals, wie dann später öfters zwischen meinem Dürfen und Können ein kleines Missverhältnis.

Und wünschen möcht' ich: nur noch einmal in meinem Leben sollte der »Bock«, oder ein anderes Getränk, auf meine Zunge denselben Wohllaut, denselben wonnigen Reiz zaubern – beim Himmel! Ich wollte mich letzen, ich wollte mich schwingen, trotzig und verwegen, bis zum höchsten, schwindeligen Gipfel der Empfindung! Und wenn ich schon stünde und schwankte auf der alleräußersten Spitze, wollte ich hohnlachend rufen: du weiser Doktor, wieviel darf von diesem »entsetzlich starken« Gebräude ein guter Christ trinken? Und dann setzte ich als Demonstration gegen seine Beschränkung und Beschränktheit sein schmähliches Eins noch flink dem vorausgegangenen stattlichen Sümmchen bei. – Das wäre so meine späte Rache gegen den – Doktor, warum hat mich seine knauserige Mäßigkeit um eine so schöne Empfindung betrogen, um eine so glänzende Jugenderinnerung ärmer gemacht! – Jenes erste und einzige Glas »Bock« schmeckte mir mit einem Wort so sehr wohl, dass vorher und seither nichts so Liebliches über meine Zunge gegangen ist und war – Punktum! –

Das eigentliche Bockleben – was Bockleben, Bocklust, Bocklärm, Bockseligkeit sei und bedeute, das lernte ich erst acht Jahre später, bei meinem zweiten Münchener-Frühlingsbesuch kennen, und Freude, wahre, aufrichtige Freude macht es mir noch heute, dass ich nicht etwa bloß einen entfernten, vornehmkalten Zuseher dabei abgegeben, sondern dass ich werkthätig gewesen bin und äußerstsehr wohlbeflissen!

Wie war es doch? Ich muss mich nur in meiner Gedächtniskammer ein wenig umsehen! Ja, so war es. Es war um die Mittagsstunde, ich hatte bereits ein Paar Bockwürstel im Leibe, und ein Freund, deren ich jetzt ebenso großen Ueberfluss, als damals Mangel hatte, brachte mir eben das zweite, vielleicht gar dritte Glas Bock »herbeigeschleppt«, (dass man sich in München nicht nur im Bockkeller, sondern größtentheils in Kellern überall selbst bedienen muss, ist eine bekannte Sache) da – ich musste stutzen und meinen Freund um Aufklärung bitten – da entstand plötzlich in der Parterrtiefe ein Gesurm, ein Gepolter, ein Gezisch und Gekreisch, kaum weniger arg und höllisch, als die berüchtigten 48ger Katzenmusiken, und dieser kreischende Knäul, dieser gellende Heerwurm, möchte ich beinahe sagen, fing wirklich an, sich zu bewegen und langsam über die Stiege heraufzuwälzen. – Wie gesagt, ich musste stutzen; denn ich meinte nicht anders, als es sei Raufhandel und zwar in großem Maßstab losgebrochen, aber Freund Sigl im trapfarbenen Leibrock tröstete mich mit wunderbarem, unwiderstehlichem Flegma sagend:

Nichts, der Bocklärm ist's!

Und siehe da, zur Thüre herein kam, vorausgeschoben jene schon benannten elenden »Bratelgeiger«, drei oder vier an der Zahl, und hinter ihnen – wieder wie schon gesagt – der gellende Heerwurm, sonderbarer Weise aus den zum großen Theile honettesten, wohlgekleidetsten Leuten, jung und alt, zusammengesetzt, zusammengekeilt, in einander verquickt! – Lauter fröhliche, närrische Gesichter, lauter singende, schreiende, pfeifende Mäuler, lauter schlingende, ringende, klatschende Hände und Arme, lauter tänzelnde, schleifende, stampfende Füße – ein wunderbar zusammengewürfelter, vollkommen einmüthiger, lustiger Arlequin! – Beim Himmel, so musste unsere Vorfahren, wie die die lustige Narrheit, einst jene berühmte Wuth, die Berserkerwuth genannt, gepackt und angefallen haben! Ei, etwas Gemeinsames müssen wir lieben Deutschen doch immer haben! –

Nun, und wie dieses lärmende Ding gekommen war, so hatt' es sich wieder verzogen. Nur bemerkte ich, dass nach etlichen Minuten der Saal leerer geworden war. – Einen Theil hatte nämlich der Knäul an sich aufgewunden, der Wurm in sich eingekerbt.

Die seltsame Erscheinung hatte auf mich eine ganz eigenthümliche Wirkung ausgeübt. – Ich fühlte mich wie durch einen Zauberschlag der drückenden Fessel einer gewissen ängstlichen Befangenheit entledigt. Ich empfand mich jählings nicht mehr so fremd. Mir war sozusagen plötzlich das Verständnis des Münchener Volksgeistes geworden. Ich fühlte auf einmal den Drang mitzumachen und konnt es auch augenblicklich so im materiellen Genuss, wie in der daraus erwachenden und erwachsenden Lust. Und siehe da! Nach einer erklecklichen Anzahl geleerter Gläser zog ich selbst hinter denselben elenden »Bratelgeigern« nicht etwa in der Bockhalle herum, sondern durch eine sehr belebte Gasse über ein Stück Stadtplatz in eins der besuchtesten Cafe's und – wieder siehe da! Alles im Kaffeehaus, Billard-, Domino- und Kartenspieler machte Platz und erhob sich voll komischen Respects vor der von Bocknarrheit befallenen Rotte; denn wer steht dafür, dass er morgen selbst demselben Verhängnis verfallen, demselben Wahne huldigen, derselben Narrheit sich ergeben müsse.

## Georg Queri: Die Maibocksünde

Als Herr Stampfl an dreißig Jahre bereits die Sitten der edlen Maibockzeit hochgehalten und betätigt hatte, verfluchte er den feinen Stoff mit einem Male.

»Wann den der Kuckuck holn taat!«, schrie er in der Einsamkeit seiner Junggesellenkammer, »wann den der Kuckuck scho lang g'holt hätt! Stampfl, Stampfl! Warum hast du dich von dem G'süff a so verführn lassn!«

Und der Stampfl biss in das Kissen hinein, um nicht laut aufzustöhnen in seinem Jammer. Er schlief die lange Nacht nicht ein Viertelstündchen; erst am frühen Morgen fielen ihm die Augen zu. Dann schnarchte er bäumezersägend und herzzerbrechend und erwachte nicht, als die getreue Haushälterin an die Türe pochte.

»Herr Stampfl, Herr Stampfl! Lieber Herr Stampfl!«

Aber der liebe Herr Stampfl gab keine Antwort und schnarchte ungeheuerlich weiter. Langsam klinkte Frau Kathi die Türe auf.

»Ach«, sagte sie, »wie süß er schläft. Ich will ihn nicht wecken!«
Sie zog sich in ihre Küche zurück und mahlte den Kaffee, während
ihre Gedanken um den schlafenden Herrn irrten, der ihrem Herzen
so nahe stand seit langer Zeit. Aber der gestrige Tag erst hatte nach
dieser Richtung eine Entscheidung gebracht.

»Mögn S' amal mitgehn zum Bock?«, hatte der Herr Stampfl gestern gesagt. Ach, und die getreue Haushälterin konnte nicht nein
sagen. Sie nahm das Kleid mit den schönen Schleifen und ging stolz
mit Herrn Stampfl ins Hofbräuhaus. Da tranken sie etliche Mass und
wurden fidel dabei. Sie plauderten vertrauter denn zuvor, und der
Herr Stampfl erzählte aus seiner Jugendzeit, was er nie vordem getan.
Er war plötzlich wieder ganz jung geworden in der Erinnerung, und
die Haushälterin an seiner Seite auch. Sie sah sich wieder Ringelreih
tanzen auf der Wiese. Wie damals, als sie noch jung war! Die Erinnerung verklärte ihre Züge und wischte das Alter ein wenig weg.
Stampfl sah sich seine Gefährtin erstaunt an. Sie ist anders geworden! dachte er. Sie ist jünger und hübscher. Nimm dich in acht,
Stampfl! … Er trank sich Mut an und leerte ein wenig mehr Gläser
als sonst. »Mut!«, brummte er, »Mut!«, dieweil ihm die getreue Haushälterin vom schönen Ringelreihtanze auf der Dorfwiese erzählte.

»Ach«, seufzte sie, als sie endlich den Hof verließen, »ganz müde
wird man von dem vielen Trinken.« Der Herr Stampfl lachte und
reichte ihr galant den Arm. Dann gingen sie plaudernd und fidel
zusammen nach Hause, ein bissel überfidel sogar, dass die Leute
manchmal sich nach dem Paare umsahen. Und im Hausgange, du
lieber Gott, da küssten sie sich alle beide. Sie ganz verlegen und leise,
er wild und stürmisch. »Oh«, seufzte die Haushälterin, »Herr Stampfl,
Sie sind ein ganz Schlimmer!«

Aber auf der Treppe kicherten zwei Dienstmädel des Stampflschen
Hauses ganz rücksichtslos und indiskret, dass die beiden da drunten
erschrocken zusammenfuhren. Frau Kathi schrie auf. »Mein Ruf«,
jammerte sie, »mein guter Ruf! Das junge Weibsvolk klatscht so
viel!« – »Tua di tröstn«, stammelte Herr Stampfl, »tua di tröstn, dene
werd i scho beikemma!« Und dann zogen sie beide verlegen in ihre
Wohnung ein und trennten sich scheu voneinander.

Des Nachmittags hat es viel Überraschungen gegeben für Herrn
Stampfl und Frau Kathi. Etliche Bekannte sind gekommen und haben
den zweien die Hand gedrückt und süß gratuliert. »Wir ham's uns
scho lang denkt!«, lachten sie, »dass aus euch no a Paarl wird! Und wie's

heut so schön und so selig mitanand durch die Straßn ganga seids …«

Die Mietsparteien sprachen liebenswürdig bei Herrn Stampfl vor. »Ja, mir gratuliern, Hausherr, von ganz'm Herzn gratuliern ma! Hättn gar koa bessere Wahl nöt treffn könna. Also a g'schmaachs Frauerl wia dö Frau Kathi …«

Der Herr Stampfl biss die Zähne zusammen und dankte den Besuchern mit einem verzerrten Lächeln. Aber Frau Kathi wurde abwechselnd rot und bleich und verspürte ein fürchterliches Herzklopfen. Was er sagn wird? Ob er sich erklärn wird? Sie trat in seine Stube und sah ihn scheu an. »Herr Stampfl?« – »Jaja, Kathi, es is scho so! Richt halt a schöne Bowle her für'n Abend. I hab no wem ei'gladn!«

Als die abendliche Verlobungsfeier zu Ende war und Frau Kathi mit einem feierlichen Kuss davongeeilt war in ihre Kammer, wälzte der arme Stampfl seine Glieder langsam zu Bette. »Aus is's!«, grölte er. Und die Pantoffel flogen in die Ecke, dass es nur so patschte …

## Lena Christ: Erinnerung an eine Hebweihfeier
(Auszug aus den »Erinnerungen einer Überflüssigen«)

Also verließ ich Mitte Dezember meinen Dienst, begleitet von den Segenswünschen der ganzen Familie, die mich vor meinem Scheiden noch reichlich beschenkt hatte. Ich konnte mich der Tränen nicht erwehren, als ich einem nach dem andern die Hand gab, und es waren nicht die angenehmsten Empfindungen, mit denen ich mich auf den Heimweg machte.

Als ich etwa eine halbe Stunde Wegs zurückgelegt hatte, kam ein Fiaker hinter mir her. Ich rief ihn an, ob er mich fahren wollte, und als er dies bejahte, stieg ich ein und fuhr nach Hause.

Daheim rannte alles ans Fenster, als ich so nobel angefahren kam, und der Vater meinte, als ich ihn begrüßte: »Du kommst ja daher wie a Prinzessin; ma kennt di kaam mehr!« Als ich aber mein Erspartes und die geschaffenen Sachen alle sehen ließ, verstummte er völlig und auch die Mutter war starr vor Staunen. Ich sagte, indem ich das Geld wieder verwahrte: »Dös Geld trag i auf d' Sparkass' und mei Wasch heb i mir auf, bis i heirat. Wer woaß, ob i mir net no was dazu verdean!«

Die Mutter verstand wohl, wie ich das meinte; denn sie sagte sofort: »Oho! Möchst net scho wieder davolaufa, kaum'st komma bist! Zum Aushaltn werd's scho sei dahoam; i leg dir nix mehr in Weg!«

Auch der Vater versprach mir, dass man mich gut halten wolle, und ich dankte ihm von Herzen. Vergessen war jetzt für mich alles, was einmal geschehen, und ich freute mich wieder des Elternhauses und ging munter an die Arbeit. Ich war jetzt auch wohl gelitten im Hause und niemand gab mir ein unrechtes Wort; ich wirtschaftete wieder wie vorher und gab selber auch keinen Anlass zum Tadel.

So verging der Winter, und mit dem Eintritt des Frühjahrs standen in der Nachbarschaft zwei Neubauten unter Dach, was für die Bauleute die Veranlassung zu einer großen Feier war, die, ein altes Herkommen, als Hebebaum- oder Hebeweinfeier bekannt ist und wobei oben am First des Neubaues ein mit bunten Bändern gezierter Tannenbaum aufgepflanzt wird. Alle am Bau Beschäftigten begeben sich auf den Dachstuhl und einer unter ihnen hält nun eine feierliche Ansprache, in der er dem Bauherrn, dem Eigentümer und dem Palier für den Verdienst dankt und sie alle einzeln mit einem dreifachen Hoch ehrt. Inzwischen hat der Wirt ein Fass Bier und Krüge hinaufschaffen lassen, und nun nimmt ein jeder seinen gefüllten Krug und stimmt laut in das Hoch des Redners ein; denn der Brauch will, dass man die Bauherren durch den Trunk ehre.

In der Wirtschaft wird mittlerweile groß aufgekocht; denn der Eigentümer hat zwei Schweine und ein Kalb für die Bauleute gestiftet, während in der Schenke fünf Hektoliter Bier, ein Geschenk des Bauherrn, bereit stehen. Dazu gibt der Wirt noch etliche hundert fette Maurerloabi, ein grobes, sehr würziges Brot, sowie für jeden der Bauleute zehn Zigarren.

Bald füllt sich das Lokal und nicht lange währt es, so geht es an ein Essen und Trinken, an ein Singen und Scherzen, dass man sich in eine Bierbude des Oktoberfestes versetzt glaubt.

So war's auch diesmal wieder. Ein jeder wollte das meiste tun im Trinken, Essen und im Lärmen; denn jeder trug das stolze Bewusstsein in sich und mancher trug es auch offen zur Schau: Auch ich hab mein redlich Teil dabei getan!

Später freilich, als ihnen das Bier schon ziemlich zu Kopf gestiegen war, schwand dies Selbstbewusstsein erheblich, und nun waren es die Mörtelweiber und Bierträgerinnen, die das große Wort führten. Eine jede hatte, obwohl selber längst verheiratet, einen Auserwählten unter den Bauleuten, unbekümmert, ob der Erkorene Weib und Kind daheim hatte oder nicht.

Heute nun hatte ein jeder Eheherr auch seine Frau mitgebracht und teilte mit fröhlichem Sinn das, was die Arbeitgeber gespendet. Auch die Gattin des obersten Paliers, Simon Scheibenzuber, war anwesend. Da erhob sich ein, obschon nicht mehr junges, doch noch ziemlich männliches Mörtelweib, stieg allen Bemühungen ihrer Genossinnen zum Trotz auf den Tisch und schrie: »Ich bin die Keenigin von Jerusalem und der Scheibnzuber Simmerl is mei Mo!«

Da sprang die tiefgekränkte Gattin des Paliers vom Stuhl auf, gab ihrem ganz verblüfften Manne eine schallende Ohrfeige und stürzte sich nun wie eine Furie auf die Verwegene. Die aber war so voll des süßen Getränks, dass sie nur noch gurgelnd herausbrachte: »Was tatst denn wollen, du gscherte Mollen!«, dann aber auf ihren Sitz zurücksank.

Dies hatte aber die Wut der Paliersgattin aufs Höchste gesteigert: »Was, i a gscherte Molln!«, schrie sie mit überschnappender Stimme: »Dös konnst ma büaßn, du Gwaff, du zahnluckerts!« Und im Nu hatte sie die betrunkene Rivalin bei den Haaren gefasst und schlug mit der andern Hand wütend auf sie ein, bis sie von der Übermacht der Maurerweiber zurückgedrängt wurde. Die also gedemütigte Königin aber wankte aus der Stube in den Hof, wo sie unter Zuhilfenahme einer großen Schale schwarzen Kaffees sich all ihres Zornes und wohl auch ihrer Liebe entledigte; denn sie erschien danach wieder munter im Lokal und rief: »So, jatz san ma g'sund! Jatz trink ma aufn Bauherrn a Massl!«

Mein Vater war bei dem Vorgang wieder ganz bleich geworden und fürchtete eine Rauferei; doch zur Ehre dieser einfachen Leute sei's gesagt, dass es zu nichts kam. Sie blieben sitzen bis zum Morgengrauen und gaben noch allerhand lustige Stücklein zum besten …


LUDWIG THOMA: ## Die Bieruhr
(Auszug aus der Erzählung »Tante Frieda«)

Ännchen hat die Cora angestoßen, und die Cora hat Ännchen angestoßen, und auf einmal hat die Cora lachen müssen und hat ihr Sacktuch in den Mund gesteckt, und Ännchen hat getrunken, aber sie hat sich verschluckt und hat wieder alles ausgespuckt, weil sie gelacht hat. Meine Mutter hat gesagt, aber Ännchen, und die Tante Theres hat gesagt, das ist stark.

Sie hat getan, als wenn sie bei einem Verbrechen dabei ist, und die

Rosa hat sich für unser Ännchen geschämt, und hat die Augen gar nicht mehr aufgemacht. Die Cora hat wieder ganz ernst geschaut, und Ännchen auch, und sie waren rot. Da hat aber der Seitz wieder geschrien ruck, ruck, ruck und hat wieder mit dem Kopf gewackelt, und da hat Ännchen sich unter den Tisch gebückt, und Cora auch, und sie haben ganz gezittert, dass man gemerkt hat, wie sie lachen.

Meine Mutter hat gefragt, Kindchen, was ist das nur? Aber jetzt ist der Gesang aus gewesen, und der Knilling und der Seitz sind wiedergekommen. Meine Mutter hat gesagt, das war schön, und der Onkel Pepi hat geschrien bravo.

Aber er ist gleich still gewesen, weil ihn die Tante mit dem Auge getroffen hat.

Ich habe auf einmal den Reiser Franz gesehen; er ist oben im Wald gestanden und hat hergeschaut. Ich bin zu ihm gegangen und habe gesagt, er soll bei uns sitzen. Zuerst hat er nicht wollen, aber er ist doch mit, und meine Mutter hat freundlich gelacht und hat gefragt, wo er gewesen ist.

Er hat gesagt, er ist im Wald gewesen. Da habe ich gesagt, der Franz mag es viel lieber, wenn ein Vogel singt, als wenn die dummen Menschen reden. Woher hast du solche Redensarten? hat meine Mutter gefragt.

Ich habe gesagt, ich weiß es, dass er lieber einen Vogel hört. Der Franz ist rot geworden, weil die Cora so gelacht hat, und er hat sich ganz an das Eck hingesetzt neben mich.

Ich habe zu Cora gesagt, ob sie nicht sieht, wie stark der Franz ist, und er kann jeden Bräuburschen hinschmeißen. Der Franz hat mich mit dem Fuß angestoßen, aber ich habe nicht aufgehört, und ich habe gesagt, der Franz kann auch furchtbar gut springen, und wenn er will, kann er einen furchtbar hauen.

Die Cora hat gelacht, und der Franz hat mich auf den Fuß getreten, und er ist immer mit seiner Hand durch die Haare gefahren.

Ich glaube, es ist ihm nicht recht gewesen. Die Trompete hat wieder ein Zeichen gemacht, dass die Liedertafel singt, und der Knilling und der Seitz sind weg.

Der Franz ist auch weg, weil er ein Bier geholt hat. Er hat aber zwei gebracht, und da hat die Tante Theres gleich gefragt, ob er so viel braucht, weil er Bierbrauer ist.

Sie kann ihn nicht leiden, und sie hat es mit Fleiß getan.

Alle haben den Franz angeschaut, und er ist ganz rot gewesen, aber wie sie weggeschaut haben, hat der Onkel einen Krug ganz heimlich genommen. Da habe ich es gesagt, dass eins für den Onkel gehört hat, und der Onkel hat mich unter dem Tisch gestoßen, aber ich habe es noch einmal gesagt. Die Tante Elis hat hinten herum geschaut und hat gerufen: Josef!

Der Onkel hat gefragt, was?

Sie hat gesagt, er soll nicht fragen, es ist die vierte.

Da hat er gebrummt, er weiß es schon, und er braucht keine Bieruhr nicht. Sie hat es probiert, ob sie ihn nicht anschauen kann, aber er hat sich hinter dem Franz versteckt, und da hat sie wieder gerufen: Josef, und er hat gesagt ja. Da hat sie gefragt, ob er meint, dass sie eine Bieruhr ist.

Er hat gesagt, er meint es nicht. Aber sie hat ganz laut geredet und hat gesagt, sie ist keine Bieruhr nicht, und vielleicht muss man nicht so viel trinken. Der Onkel hat nichts gesagt, aber meine Mutter hat Pst gemacht, weil die Liedertafel anfangt. Da hat die Tante Elis noch gesagt, sie will ihn daheim fragen, ob sie eine Bieruhr ist, und dann ist sie still gewesen, und die Liedertafel hat gesungen.

## Georg Queri: Der Zunterer schreibt heim
### (Auszug aus der Erzählung)

Ich kenne das kleine Anwesen vom Zunterer gut: es nährt drei Küh', und die Zunterin hat noch ihre Geißen und Hennen. Der Zunterer aber ist lang, himmellang, und stark wie ein Ross, und die paar Tagwerk Wiesen und das bissel Ackerland brauchen ihn in der Arbeit nicht. So ist er nebenher Holzknecht geblieben und treibt's nach der Eh' so weiter, wie er's vor der Eh' getrieben hat: er geht am Montag in den Holzschlag, und am Samstag muss ihm der Förster das Geld hinlegen, und der Zunterer steigt vom Berg zu Tal zu seiner Zunterin.

Leutl, es ist kein leichtes, geschlagene sechs Tag' im Holz draußen bei den Füchsen zu hausen, zu essen, was Holzknechte gekocht haben, und nach Feierabend in einer stinkigen Holzerhütten ein braver, zufriedener Zunterer zu sein, von Zwangs wegen.

Und drum sind die Samstage zu loben, hoch zu loben.

Und der Schimmelwirt, bei dem die Holzknechte einkehren.

Das ist ein dicker und lieber Mensch und hat die Holzknechte gern. Ihnen zulieb bindet er am Samstag schon um Fünfe einen frischen

Schurz vor seinen Bauch und steht bis Sechse an der Tür, um ja seine Holzknechte nicht zu verpassen.

»Jeh, der Zunterer!« (dem Schimmelwirt schwimmt das Gesicht vor lauter Freud' auseinander). »Ja, weil du nur grad gsund wieder vom Berg kommst. Lang ham wir uns net mehr gsehn, gel, Zunterer!« Was will der lange Zunterer machen, wenn ihm der Wirt so einen schönen Gruß bringt und so eine Ehr' antut – er sagt sich halt: Meine Zunterin seh ich bei der Nacht auch noch, und eine Mass könnt net schaden.

Und die Händ' hat er in der Taschen, und das Geld brennt ihm in den Fingern und die Markstückl schreien: Lass uns aus, Herr Zunterer, der Wirt muss auch leben!

Da bückt sich der lange Zunterer und geht durchs Tor vom Schimmelwirt in die irdischen Freuden ein.

»Jeh, der Zunterer!«, schreit die dicke Resl und watschelt an ihren Banzen. »Grad hab' ich frisch anzapft.« (Du verlogene Resl, du: vor zwei Stund' hat der alte Vierhäuslschneider den gleichen Schwindel schlucken müssen!)

Und da setzt sich der Zunterer an die Bank im Herrgottswinkel, wo die Holzknecht immer sitzen, und die der Bierteufel mit Pech angeschmiert hat, dass sie schön pappen bleiben.

Ein gutes Bierl. Duck dich, Seel', es kommt ein Platzregen. Und die Seel' duckt sich, und der Zunterer lässt die Gurgel arbeiten.

Das ist fein, wann einen kein Förster wegpfeifen kann. »Zunterer, tu aufklaftern, Zunterer, nimm den Schlag auf der Leiten, Zunterer, hilf beim Bäumaufladen« – Zunterer hin, Zunterer her, und nichts wie arbeiten.

Haha, die beiden Ellenbogen brettlbreit auf den Tisch legen, den Kopf stützen, dass er nicht in den Keller fallt, und die Zähn' beieinander lassen, dass die Pfeif' ihren Halt hat.

Reden nix.

Ein bissel hinhören, ein bissel herhören, aber reden nix. Was soll ein Holzknecht reden!

Hin und wieder freilich: »Resl, a Mass!«

Und die Resl schiebt auf und schiebt ab, tut viel in den Krug, tut wenig in den Krug, und der Teufel tut den Rausch dazu hinein. Was helfen die frommen Sprüch' alle, mit denen die Resl die Krüg' hinstellt: »Gsegn's Gott!« oder »Gesundheit« oder »Wohl bekomm's« – wenn eine wie die Resl siebzehn Jahr' beim Schimmelwirt dient und noch an diese Wörtl glaubt, dann is Chrysam und Tauf' verloren an ihr. Tausend Räusch' hat sie gesehn, zum Aussuchen schön, aber sie bleibt bei den Sprücheln vom lieben Gott und von der Gesundheit.

O du liebe Resl! Lange Haar' und kurzer Verstand. Viel Bauch und Schmer und dazu ein Grillenhirn. Der Bierteufel unter der Holzknechtbank muss sich krumm und bucklig lachen.

Der Durst, den der Zunterer vom Holzschlag mitbringt, um den könnt ihm ein Herr Baron neidig sein. Und überhaupt, wie der ganze lange Holzknecht Jakob Zunterer dasitzt in barer Zufriedenheit, von der Mass gelabt und von der Pfeif' beräuchert, gut, wunderfein, unterhalten von allem, was die andern für ihn reden müssen, wie er ohne Ausnahm' zu allem nickt, wie er lachen kann, ohne die Pfeif' aus den Zähnen zu verlieren, und wie ihn das ganze Leben rundrund freut – das ist schon was. Es könnt ihm ein jeder Herr Baron gelbneidig darum werden.

Und wie ihm der schöne Durst treu bleibt mitsamt der Gurgl, und wie sie alle beide nie aufbegehren: »Hör auf, Herr Zunterer, wir mögen nicht mehr, du darfst uns net so strapazieren, Herr Zunterer, und jetzt gehn wir heim, Herr Zunterer« – nein, nein, da schnaufen Durst und Gurgl kein Wörtl und lassen dem Zunterer seine Freud'.

Nur die Resl wird müd, die alte Resl, die die vielen schönen Räusch' gesehn hat in ihrem Leben.

»Gehst heut gar net heim, Zunterer!?«

Und da spinnt der Schimmelwirt mit seiner Resl zusammen und meint: »Wenn ich nur den verflixten Rheumateis net hätt', dann tät ich ja nix sagen – aber mein warmes Bett tät mir halt recht gut, Zunterer!«

Der Zunterer schaut sich um: auweh, schon wieder der letzte. Einer muss halt der letzte sein. Einer muss der Zunterer sein.

Die Resl rechnet, der Wirt rechnet, die Resl zeigt ihre Kreidenstrichel, und der Wirt hat Strichl vom letzten Samstag her noch, die Resl auch, die Resl auch!

Der Zunterer brummelt was vom »scharfen Zusammendividieren«, und dass sie ihm »eine ganze Hypothek wegreißen« wollen.

Der Wirt tut beleidigt.

Die Resl tut beleidigt und hochgeschwollen.

Und der Zunterer zahlt. Kann man halt nix machen.

Nachschrift. Wenn man bezahlt hat und geht, dann sind die Wirt' nicht mehr so freundlich wie beim Einkehren.

Der Zunterer ist von dem Gulden auf den Kreuzer gekommen. Was hat er dafür: den Schnackler im Knie und den Schluckser in der Gurgl, dass die Leut' in ihren Kammern aufwachen, und dass sie alle sagen: Das hat was zu bedeuten, dass der Kuckuck schreit mitten in der Nacht.

Wupperupp.

Das ist nicht schön, wie der Zunterer heimgeht in der Nacht: links hinüber, rechts herüber, zicklzackl, wacklwackl. Er muss die ganze Straße abmessen, von herenten nach drenten und von drenten nach herenten.

Niemand hat ihm die Arbeit geschafft, und es hilft ihm kein Fluchen und Sakramentieren dagegen.

Zicklzackl, wacklwackl. Von drenten nach herenten.

Jetzt ist die Straß' nicht breit genug, und der Mesmer hat seinen Zaun zu weit vorgebaut. Darf das sein? Nein, das darf nicht sein. Der Zunterer kommt mit seinem groben Körper und straft das Unrecht. Der Zaun ächzt und lamentiert, aber das hilft ihm nichts.

Er muss nachgeben und sich eindrücken lassen.

Und dann bringt sich der Zunterer wieder in Schwung – zicklzackl – und kommt wieder auf die andere Seite. Manchmal pfeilgeschwind, manchmal ein bissel stolperig.

Aber nach der andern Seite kommt er.

Dann wieder nach der einen.

Wacklwackl, zicklzackl.

Gel, Zunterer, das ist ein schweres Arbeiten in der Nacht?

Hupp! klagt der Schluckser.

Wenn sie endlich ganz abgemessen ist, die Straß', dann sieht der Zunterer was Weißes und ein Dach darüber – aha, aha, was Weißes und ein Dach darüber – und wenn es nicht Zwölf schlagen tät in der Nacht, sondern am Tag, dann ließ sich die Sach' genauer betrachten und wär' ein Haus und tät nicht so zittern und wackeln, sondern ehrlich und aufrecht dastehn und sich auftun und sagen: Grüß Gott, Herr Zunterer, und geh nur herein und leg dich in dein Bett, Herr Zunterer!

Der Zunterer tät jetzt für sein Leben gern zu schlucksen aufhören (weil die Zunterin so nah ist), aber der Schluckser ist ihm vom Bierteufel fest angehext und guckezert aus ihm doppelt so lustig heraus, weil er weiß: Jetzt sind wir alle zwei da, ich und mein Zunterer, und ich darf mit meinem Zunterer ins Bett.

Haha, du angehexter Schluckser du, warten heißt's, warten. Du hast mit deinem Getu und Gelärm den Herrn Zunterer verraten auf weithin, und die Zunterin ist aus ihrem Bett gestiegen und hat sich an die Haustür hingestellt.

Pass nur auf, du angehexter Schluckser, was die Zunterin sagt, wenn du ihr den Zunterer bringst!

Du kommst ihm nicht aus, hahaha, weil du angehext bist. Du bist ja der Dümmere, du Schluckser!

Und die Zunterin steht vor der Tür, und die Tür ist zugemacht, und niemand kann heimlich hineinschlüpfen. Der Zunterer will's auch nicht, und wenn es so aussieht, als ob er an der Zunterin vorbei wie ein Pfeil sausen möcht, so ist das ganz unabsichtlich und geschieht, weil der Zunterer an dem Zaun vom Mesmer sein Gleichgewicht verloren und nicht wieder aufgehoben hat.

(Der Schluckser ist ganz erschrocken, wie er sich so fortgerissen fühlt, und wie er die Zunterin sieht, und die eichene Haustür. Er guckezert so laut auf, dass es dem Zunterer einen Riss gibt und ihn zwei Zimmermannsfüß' vor der Gefahr aufhält und festbannt.)

»Bist da?!«, höhnt die Zunterin.

Der Schluckser sagt ja, der vorlaute Schluckser. Aber der Zunterer sieht ein, dass das für den Augenblick viel zu wenig ist, und versucht seine Stimme freundlich und schmalzig zu machen: »Weibele, mei Täubele!«

Es scheint, dass ihn die Zunterin nicht verstanden hat. »Hast wieder warten müssen, bis der Vorletzte sein' Hut heimtragen hat?!«

Der Schluckser will widersprechen.

Aber die Zunterin mit hoher Stimme: »Meinst alleweil, wann du net zu guter Letzt die Tür zumachst beim Wirt, dann bleibt sie offen?!«

»Weibele, mei Täu –« (Aber diesmal hat der Zunterer versucht, mit seinem Schluckser zugleich zu sprechen, und das kann natürlich kein Mensch verstehen.)

»Hast was gsagt!?«

»Weibele –«

So müd' ist der Zunterer, dass er sein Sprüchlein nicht zu End' bringen kann. Er ist viel schwächer als im Wald beim Holzen und möcht ins Häusl hinein und in die Kammer und schlafen und nichts als schlafen. Wenn nur die Zunterin ein Hirn hätt' und einen Verstand und nicht verlangen tät, dass man ihr in der nachtschlafenden Zeit die schwersten Fragen richtig auslegen soll.

Auch der Schluckser gibt ihm recht. Hupp, wupp, huwupp. Wupp. Hupp, ihm recht. Huwupp.

Ans Haustor, denkt sich der Zunterer, an das tät ich mich gern anlehnen! Wann sie nur grad Platz machen tät, die Alt', und tät mich am Haustor anlehnen lassen!

Hupp! sagt der Schluckser und gibt seinem Zunterer recht.


LEOPOLD KAMMERER: Prost!

Wie reimte Wilhelm Busch so zart
zu seiner Zeit, in seiner Art:
»Es ist bekannt seit altersher,
wer Sorgen hat, hat auch Likör.«

Nur frag ich mich aus gutem Grund,
was gießt ein Mensch in seinen Schlund,
der Sorgen hat wie ich und du
und einen Riesendurst dazu?

In diesem Fall, so sag ich mir,
fehlt ihm nur eins, ein kühles Bier.
Doch, labt er sich damit zu sehr,
fehlt ihm am Ende noch viel mehr.

Die brave Frau, die 's Auto fährt,
ein Rechtsanwalt, der Sorgen klärt,
zum Schluss – das könnte zu leicht sein –
fehlt ihm auch noch der Führerschein!

# Quellen

Lena Christ: *Erinnerungen einer Überflüssigen*. München 1912.

Michael Georg Conrad: *Die Bierstadt München*. Aus: Michael Georg Conrad: Was die Isar rauscht. Münchner Roman. 2 Bde. 2. Bd., Leipzig 1888.

*Da drobn am Nockherberg, der wo am Zacherl ghört* (Liedtext). Aus: So lang der Alte Peter am Petersbergl steht. Münchner Liederbuch. Lieder und Lexikon. Hrsg. von Eva Becher und Wolfgang A. Mayer im Auftrag der Landeshauptstadt München. München 2008.

Wilhelm Dieß: *Die ungastliche Wirtschaft*. Aus: Wilhelm Dieß: Stegreif-Geschichten. München 1936. Mit freundlicher Genehmigung von Prof. Dr. Johannes Kemser.

Josef Fendl: *Von versoffene Bierurscheln und verlorenen Täuflingen*. Aus: Josef Fendl: Im Wirtshaus bin i wia z' Haus. Unterhaltsame Bier- und Weingeschichten. © 2009 Verlag Attenkofer, Straubing.

Franz Freisleder: *Zweimal Durscht; Liebeserklärung an den Münchner März; Viecherei im Mai; Sommerzeit – Biergartenzeit oder: A Fliagn im Kruag; Schenkkellners Traum* und *Gstanzl zum Wiesn-Bierpreis*. Aus: Franz Freisleder: Bayern samma. © Rosenheimer Verlagshaus GmbH & Co. KG., Rosenheim 2015, ISBN: 978-3-475-54486-6.

Günter Goepfert: *Im Biergarten*. Aus: Kammerers Bayrischer Hausschatz. Ein Heimat- und Familienbuch. Hrsg. von Leopold Kammerer. 2. Bd., Dachau 1985.

Max Halbe: *Plötzlich ein halbes Dutzend Starkbiersorten …* Aus: Max Halbe: Jahrhundertwende – Geschichte meines Lebens. 1893–1914. Danzig 1935.

Hedi Heres: *»Kellnerin, schenk ein …«* Aus: Turmschreiber-Hausbuch 2009. Pfaffenhofen 2008. Mit freundlicher Genehmigung von Dr. Horst Heres.

Ödön von Horváth: *Charlotte. Roman einer Kellnerin*. Aus: Ödön von Horváth: Himmelwärts und andere Prosa aus dem Nachlass. Frankfurt am Main 2001.

Michl Huber: *Das Münchner Bier* (Liedtext). Aus: So lang der Alte Peter am Petersbergl steht. Münchner Liederbuch. Lieder und Lexikon. Hrsg. von Eva Becher und Wolfgang A. Mayer im Auftrag der Landeshauptstadt München. München 2008.

*I bin da Wirt vo Stoa* (Volksliedtext). Aus: Bayrische Gsangl & Gspassettl. Starnberg 1972.

Leopold Kammerer: *Ozapft is!* und *Was im Fassl drin is*. Aus: Leopold Kammerer: Zünftige Zeiten. Mit Versen und Glossen durchs bayrische Jahr. Dachau 1984.

Leopold Kammerer: *Prost!* Aus: Der Turmschreiber-Kalender. Ein bayerisches Hausbuch auf das Jahr 1997. Pfaffenhofen 1996. Mit freundlicher Genehmigung von Leopold Kammerer jun.

Franz von Kobell: *Bockbier-Gstanzl*. Aus: Bairisch Herz. Land und Leut gestern und heut. Hrsg. von Hellmuth Kirchammer und Oskar Weber. München 1973.

Joseph Maria Lutz: *Die Nockherberg-Besteigung*. Aus: Wia's is' und wia's war. Hrsg. von Helmut Zöpfl. Starnberg 1971.

Joseph Maria Lutz: *Der blühende Sedlmeier*. Aus: Bairisch Herz. Land und Leut gestern und heut. Hrsg. von Hellmuth Kirchammer und Oskar Weber. München 1973.

Jutta Makowsky: *Biergarteln*. Aus: Herbert Schneider (Hrsg.): Münchner Leben. Unterhaltsamer Streifzug durchs bayerische Millionendorf. Dachau ²2002.

R. W. B. McCormack: *Trinksitten*. Aus: R. W. B. McCormack: Tief in Bayern. Eine Ethnographie. Frankfurt am Main 1991. © R. W. B. McCormack 1991. Nutzung mit freundlicher Genehmigung der Liepman AG, Zürich.

Georg Queri: *Die Maibocksünde*. Aus: Bairisch Herz. Land und Leut gestern und heut. Hrsg. von Hellmuth Kirchammer und Oskar Weber. München 1973.

Georg Queri: *Der Zunterer schreibt heim*. Aus: Georg Queri: Der bayrische Watschenbaum. Berlin und Wien 1917.

Wugg Retzer: *Ein Lebehoch der Wiesnkellnerin*. Aus: 150 Jahre Oktoberfest 1810–1960. Bilder und G'schichten. Hrsg. Von Ernst Hoferichter und Heinz Strobl. München 1960.

Klaus S. Richter u. F. Reiter: *In München steht ein Hofbräuhaus* (Liedtext). Aus: So lang der Alte Peter am Petersbergl steht. Münchner Liederbuch. Lieder und Lexikon. Hrsg. von Eva Becher und Wolfgang A. Mayer im Auftrag der Landeshauptstadt München. München 2008. © by Wilhelm Gebauer Musikverlag, Wiesbaden.

Franz Ringseis: *Bräustüberlluft*. Aus: Wolfgang Johannes Bekh (Hrsg.): Andechs. Der Heilige Berg. Wallfahrtsort und Ausflugsziel. Dachau 2005. Mit freundlicher Genehmigung von Monika Neuhäusler.

Franz Ringseis: *Salvatoranstich*. Aus: Turmschreiber-Hausbuch 2001. Pfaffenhofen 2000. Mit freundlicher Genehmigung von Monika Neuhäusler.

Herbert Rosendorfer: *Oans – zwoa – gsuffa oder Versuch einer Standortbestimmung*. Aus: Herbert Rosendorfer: … ich geh zu Fuß nach Bozen und andere persönliche Geschichten. © 1988 by nymphenburger in der F. A. Herbig Verlagsbuchhandlung GmbH, München.

Josef Ruederer: *Die Neuesten Nachrichten*. Aus: Josef Ruederer: München. München 1907.

Hardy Scharf: *Weiß-Bier-Rap*. Aus: Turmschreiber-Hausbuch 2012. Husum 2011. Mit freundlicher Genehmigung von Hardy Scharf.

Joseph Schlicht: *Der Dorfwirt*. Aus: Joseph Schlicht: Bayerisch Land und Bayerisch Volk. Straubing 1875.

Herbert Schneider: *Keferloher – Trinkgefäß und Waffe* und *Das verführerische Tragl daheim* (dort unter dem Titel *Der Kampf ums tägliche Bier*). Aus: Herbert Schneider und Hermut K. Geipel: Bayrisch glebt. Gedichte, Geschichten, Sprüche und Redensarten. Dachau ³2004.

Herbert Schneider: *Wie man eine Kellnerin zähmt*. Aus: Herbert Schneider: Mia san Bayern. © Rosenheimer Verlagshaus GmbH & Co. KG, Rosenheim 2014, ISBN: 978-3-475-54167-4.

Helmut Seitz: *Der echte Münchner und sein Bier*. Aus: Helmut Seitz: Wie werde ich ein echter Münchner? Ein methodischer Leitfaden. Dachau 2010.

Siegfried Sommer: *Grüner Himmel der Bierseligkeit*. Aus: Liebeserklärung an München. Hrsg. von Kurt Wilhelm. Pfaffenhofen 1984. Mit freundlicher Genehmigung von Luise Pallauf.

Karl Spengler: *Wo man für die Mass Bier mit einem »Vergelt's Gott« zahlte*. Aus: Karl Spengler: Das Münchner Lesebuch. München 1986. Mit freundlicher Genehmigung von Elisabeth Spengler.

Christian Springer: *Armer Wiesnwirt*. Aus: Das große bayerische Lesebuch. 50 Jahre Münchner Turmschreiber. Hrsg. von Norbert Göttler, Erich Jooß und Alfons Schweiggert. München 2009. Mit freundlicher Genehmigung von Christian Springer.

Christian Springer: *Das Starkbier – Fonsis Bayerische Wahrheiten 1*. Aus: Turmschreiber-Hausbuch 2011. Husum 2010. Mit freundlicher Genehmigung von Christian Springer.

Josef Steidle: *Is so a Starkbier guat*. Aus: Josef Steidle: Eahm schaug o! Münchnerisches in Reim und Prosa. Dachau 2015.

Franz Stelzhamer: *Beim Maibock*. Aus: Gabrinus. Humoristisches Münchner Taschenbuch für das Sudjahr 1853/54. München o. J.

Gerhard Sterr: *Die Weißbier-Lilli*. Aus: Bayrische Gsangl. Starnberg 1972.

Ludwig Steub: *Unser Bier*. Aus: Ludwig Steub: Sommer in Oberbayern. München 1949.

Ludwig Thoma: *Agricola. Frei nach Tacitus »Germania«*. Aus: Ludwig Thoma: Agricola. Bauerngeschichten. München 1910.

Ludwig Thoma: *Jozef Filsers Briefwexel*. München 1929.

Ludwig Thoma: *Tante Frieda*. München 1907.

Hanns Vogel: *»Öha, brr!«, hat der Bierführer Simmerl gsagt*. Aus: Turmschreiber-Hausbuch 2002. Pfaffenhofen 2001.

Hanns Vogel: *Münchner Bierführer-Gstanzl*. Aus: 150 Jahre Oktoberfest. München 1960.

Hanns Vogel: *Zirngiebls Wiesn-Expedition*. Aus: Kammerers Bayrischer Hausschatz. Ein Heimat- und Familienbuch. Hrsg. von Leopold Kammerer. 2. Bd., Dachau 1985.

Hyazinth Wäckerle: *Zum Abschied vom alta Bier*. Aus: Hyazinth Wäckerle. Nägalastrauß. Augsburg 1881.

Weiß Ferdl: *München und sein Bier*. Aus: Bayerische Schmankerln, neue Folge. Hrsg. von Bertl Weiß. München 1967.

Weiß Ferdl: *Die Münchner Kellnerin* (Liedtext). Aus: Bayerische Schmankerl. Hrsg. von Bertl Weiß. München 1960.

Karl Wilhelm: *Augustiner* (Liedtext). Aus: So lang der Alte Peter am Petersbergl steht. Münchner Liederbuch. Lieder und Lexikon. Hrsg. von Eva Becher und Wolfgang A. Mayer im Auftrag der Landeshauptstadt München. München 2008.

*Z' Loibersdarf, z' Loibersdarf*. Volksliedtext aus der Holledau. Aus: Lieder und Zwiefache. Das Holledauer Liederbuch. Hrsg. von Josef Eberwein. Dellnhausen 1974.

Herausgeber und Verlag danken den Autoren und Verlagen herzlich für die Erteilung der Abdruckgenehmigungen. In Einzelfällen war es trotz gründlicher Recherchen nicht möglich, die Rechteinhaber ausfindig zu machen. Wir bitten diese, sich an die Verlagsanstalt »Bayerland« zu wenden.